L'ENSEIGNEMENT ET LA RECHERCHE EN SCIENCES ÉCONOMIQUES DANS LES UNIVERSITÉS PUBLIQUES MAROCAINES

Les Afriques de demain

Collection dirigée par Driss Guerraoui et Alioune Sall

La collection « Les Afriques de demain » vise à promouvoir les publications axées sur l'analyse des transformations que connait l'Afrique pour en dégager les inflexions majeures et les ruptures fondamentales, identifier les facteurs et les acteurs du changement, et mettre en exergue la prospective des stratégies de développement pouvant permettre aux États et aux peuples du continent de lutter contre les nouvelles générations d'insécurité, de risques et de guerres.

Le champ d'action de la collection englobe les questions économiques, sociétales et géostratégiques, les sciences politiques, l'histoire et les problématiques de nature culturelle et civilisationnelle.

Déjà parus

Driss Guerraoui (dir.), *L'Afrique de l'innovation. Politiques nationales et partenariats panafricains*, 2023.
Driss Guerraoui (dir.), *Marocains et Portugais. Regards croisés*, 2023.

Driss Guerraoui

L'ENSEIGNEMENT ET LA RECHERCHE EN SCIENCES ÉCONOMIQUES DANS LES UNIVERSITÉS PUBLIQUES MAROCAINES

الجامعة المفتوحة للداخلة
UNIVERSITÉ OUVERTE DE DAKHLA

L'Harmattan

Editions L'Harmattan, 2024
Collection «Les Afriques de demain»
5-7, rue de l'École Polytechnique, 75005 Paris
http://www.editions-harmattan.fr
ISBN : 978-2-336-42563-4
EAN : 9782336425634

L'Université Ouverte de Dakhla, 2024
http://www.uodakhla.org
ISBN : 978-9920-42-730-2
Dépôt Légal : 2024MO4868
Nadacom Design

REMERCIEMENTS

Pour la réalisation de ce travail relatif à l'évaluation de l'écosystème national d'enseignement et de recherche en sciences économiques dans les universités publiques marocaines, le présent ouvrage a bénéficié, lors de la collecte des informations et des données, du concours des professeur-e-s Rahma Bourqia, ancienne directrice de l'Instance nationale d'évaluation du système d'éducation, de formation et de recherche scientifique auprès du Conseil supérieur de l'éducation, de la formation et de la recherche scientifique, El Mokhtar Bakkour, ancien directeur de l'Agence nationale d'évaluation et d'assurance qualité de l'enseignement supérieur et la recherche scientifique, Slimane Mahdad, directeur du Budget et des affaires administratives au ministère de l'Enseignement supérieur, de la Recherche scientifique et de l'Innovation (MESRSI), Mohamed Tahiri, ancien directeur de l'Enseignement supérieur au MESRSI, Jamila El Alami et Aziz Et-Tahir respectivement directrice et Chef de département du Centre national de la recherche scientifique et technique (CNRST), de présidents d'universités publiques, et de doyens de facultés de sciences juridiques, économiques et sociales et Mohamed Derouich, président de l'Observatoire national du système d'éducation et de formation et ancien secrétaire général du Syndicat national de l'enseignement supérieur.

Pour la partie relative à l'évaluation de l'état de la production des ouvrages d'économie répertoriés, notre travail a bénéficié du concours des professeurs Mohamed El Ferrane, ancien directeur de la Bibliothèque nationale du Royaume et Mohamed Sghir Janjar, directeur général adjoint de la Bibliothèque du Roi Abdul-Aziz Al-Saoud.

Que toutes ces personnalités et ces institutions trouvent dans cet ouvrage l'expression de mes remerciements les plus sincères et ma profonde gratitude pour l'attention particulière qu'elles ont réservée à ce travail.

INTRODUCTION GÉNÉRALE

Le présent ouvrage tente une évaluation raisonnée de l'état de l'enseignement et de la recherche en sciences économiques uniquement dans les universités publiques marocaines à accès ouvert. Il n'aborde pas la situation de l'enseignement et de la recherche dans les universités privées, ni dans les établissements publics d'enseignement supérieur à accès régulé, ni dans les structures nationales publiques et privées non universitaires de recherche.

Pour ce faire, nous avons procédé à un diagnostic effectué auprès d'enseignants-chercheurs, d'étudiants en cours de formation et de ceux ayant achevé leurs études et obtenu leurs diplômes de licence, master ou doctorat en économie.

Cette évaluation a été enrichie par des entretiens avec des professeurs d'économie appartenant à différentes générations, et par une enquête réalisée auprès d'un échantillon de 150 lauréats en sciences économiques titulaires d'une licence, d'un master ou d'un doctorat obtenus dans diverses universités publiques marocaines.

Elle s'est nourrie, aussi, de leçons tirées de notre propre expérience au sein de l'univers académique national et international pendant plus de 40 ans sans discontinuité, et de nos observations factuelles en tant qu'enseignant-chercheur auprès des facultés des sciences économiques, sociales et juridiques de Fès de 1982 à 1998 et de Rabat-Agdal de 1998 à ce jour.

Par conséquent, ce que cet ouvrage présente ce sont des constats issus de réalités documentées, d'analyses, de réflexions et de leçons tirées à la fois de données empiriques de terrain, mais aussi de vécus d'enseignants-chercheurs en sciences économiques appartenant à plusieurs générations d'économistes universitaires et de lauréats des formations économiques.

En capitalisant sur tout ce qui précède, le bilan que nous présentons dans cet ouvrage s'articule autour des axes suivants :

- La présentation de considérations préliminaires à partir de constats relevés, de précisions apportées sur les termes de la problématique globale de l'ouvrage et de l'examen des réalités qui marquent l'enseignement et la recherche en sciences économiques dans les universités publiques marocaines ;
- L'analyse des données essentielles et des indicateurs clés concernant l'enseignement et la recherche en économie ;
- L'examen de la situation de l'appui des structures nationales dédiées à la recherche destinée aux projets proposés par les enseignants et les chercheurs en sciences économiques ;
- L'évaluation de l'évolution de la production des livres d'économie répertoriés au Maroc, publiés par les professeurs des universités ;
- L'évaluation par les étudiants de l'état de l'enseignement et de la recherche à partir des résultats d'une enquête réalisée, à titre d'illustration, auprès de 150 diplômés titulaires de licence, master, et de doctorat en économie ;
- La mise en exergue des principaux dysfonctionnements que connait le système national d'éducation, de formation et de recherche en général et l'identification des défis majeurs qu'affrontent, en particulier, l'enseignement et la recherche en sciences économiques ;

– Enfin, nous concluons par quelques pistes pouvant éclairer les acteurs et les décideurs sur ce que devraient être les leviers possibles de l'enseignement et la recherche en sciences économiques dans les universités publiques, en phase avec les ambitions du Maroc du XXIe siècle.

PREMIÈRE PARTIE

ÉVALUATION DE L'ÉTAT DE L'ENSEIGNEMENT ET DE LA RECHERCHE EN SCIENCES ÉCONOMIQUES DANS LES UNIVERSITÉS PUBLIQUES

I
CONSIDÉRATIONS PRÉLIMINAIRES

Il s'agit par ces considérations préliminaires de mettre en exergue un certain nombre de constats relatifs aux tenants et aboutissants du thème de l'ouvrage, de préciser les termes de la problématique globale qu'il étudie et d'examiner les réalités qui marquent l'enseignement et la recherche en sciences économiques dans les universités publiques marocaines.

1. Constats majeurs

Lorsque nous avons entamé la rédaction de cet ouvrage, nous nous sommes d'abord heurté à une réalité pour le moins anormale, voire paradoxale en matière d'évaluation des politiques publiques. D'autant qu'il s'agit d'un domaine hautement stratégique pour la formation des compétences et la production des élites scientifiques, spécialisées dans une filière importante pour un pays qui a fait, depuis son indépendance en 1956, de la modernisation généralisée de son économie et de sa société un crédo essentiel de son développement.

Cette réalité réside dans le fait qu'il n'a jamais existé et qu'il n'existe pas à nos jours, à notre connaissance, une évaluation nationale globale, structurée, systémique, quantifiée, sur la longue période et à finalité opératoire de l'état de l'enseignement et de la recherche en sciences économiques au Maroc.

Certes, il y a le travail important, fouillé, audacieux et critique réalisé par le Conseil supérieur de l'éducation, de la formation et de la recherche scientifique concernant l'efficacité, l'efficience et les défis de l'enseignement universitaire à accès ouvert et régulé, celui sur l'évaluation du cycle doctoral et celui sur les acquis, les déficits et les défis de la Charte nationale de l'éducation et de la formation (2022-2013). Mais, tous ces travaux, de par leur caractère général, ne se sont pas focalisés sur l'évaluation des performances et de la qualité des filières d'enseignement des sciences humaines et sociales, et encore moins pour les sciences économiques, formations et recherches confondues.

Il y a le travail qu'effectue l'Agence nationale d'évaluation et d'assurance qualité de l'enseignement supérieur et de la recherche scientifique, mais qui reste, lui aussi, très partiel en termes de couverture des établissements universitaires et d'objet des évaluations. Ce qui lui donne une nature incomplète en termes de finalité opératoire.

Il existe, aussi, des éléments d'évaluation disparates qui sont dictés, soit par des changements de ministres, soit à l'issue des moments forts du débat national sur le chômage des diplômés des sciences économiques et sociales, soit sont le résultat d'initiatives spontanées d'enseignants, de présidents d'universités et de doyens. Ceux-ci qui ont su et pu inscrire la problématique de l'enseignement de l'économie au niveau de la conférence des présidents des universités. Cette évaluation a pu également se faire plus ou moins à l'occasion de la réflexion sur la mise en œuvre des grandes réformes qu'a connu le système national d'éducation, de formation et de recherche en 1975, 2000, 2020 et 2022, et dont certains aspects ont été examinés par les départements d'économie lors de la discussion des modalités de mise en œuvre de la réforme de la Licence, du Master et du Doctorat, bien que ces aspects et cet examen ne soient pas liés directement à l'objet précis de cet ouvrage.

À une échelle plus académique, il y a le rapport réalisé en 2009, sous la direction du professeur Mohamed Cherkaoui, pour le compte du ministère de l'Enseignement supérieur et de la Recherche scientifique portant sur « l'évaluation de la recherche en sciences sociales et humaines ». Ce rapport présente un panorama académique théorique global réalisé par le Pr Noureddine El Aoufi concernant plus particulièrement les courants de pensée et les approches qui caractérisent la recherche en économie à partir d'un choix très sélectif d'économistes qui ont marqué l'enseignement et la recherche en sciences économiques dans les universités publiques marocaines.

Nous avons, également, les initiatives individuelles d'universitaires qui présentent les résultats de leurs recherches sur la discipline à partir de thématiques très diverses. Ces initiatives de recherches ont été l'œuvre, il y a quelques années déjà, de l'Association des économistes marocains, et actuellement de l'Association marocaine de sciences économiques lors des congrès annuels que cette association et d'autres institutions similaires, récemment créées, organisent.

D'autres initiatives sont le produit d'économistes non universitaires appartenant à des centres nationaux, fondations et groupes de recherche, ou à des Think Tank marocains, ou de professeurs animant des revues spécialisées en économie et gestion.

Mais, il n'y a pas, à ce jour, une vision nationale globale bien définie à partir d'une évaluation générale à proprement parler de l'état de l'enseignement et de la recherche en sciences économiques, menée de façon coordonnée et concertée avec les acteurs directement concernés par cette problématique. Ces acteurs sont notamment les enseignants, les étudiants, les faiseurs des politiques publiques et les acteurs institutionnels centraux et territoriaux, producteurs ou utilisateurs des services et des outputs de cette branche du savoir, comme les entreprises financières et non financières, les territoires et les administrations.

Il n'y a pas non plus un diagnostic national global complet de l'état de l'enseignement des sciences économiques établi sur la base d'un bilan des compétences dont disposent les différentes facultés des sciences juridiques, économiques et sociales et à partir d'une prospective des formations et des métiers à promouvoir, élaborés en fonction des besoins présents et futurs de l'économie et de la société marocaines, et conformément aux réalités et aux priorités, notamment économiques, des territoires d'implantation de ces structures de formation et de recherche.

Par ailleurs, il n'y a jamais eu un débat national structuré entre économistes sur l'état de l'enseignement et de la recherche en sciences économiques dans les universités publiques du Maroc. Quand la réflexion est posée à ce niveau, la problématique demeure jusqu'à nos jours prisonnière d'idées reçues qui se ramènent à trois mythes :

- Le mythe de la professionnalisation, selon lequel il suffit de former des économistes d'entreprises pour mettre fin au chômage des diplômés en économie ;
- Le mythe selon lequel l'efficience et la performance de la réforme des programmes passent par le renforcement des matières technico-économiques et technico-financières comme seul garant de l'accroissement des chances d'employabilité des diplômés en sciences économiques ;
- Et le troisième mythe fondé sur le postulat selon lequel le statut scientifique de l'enseignement de l'économie passe par l'usage poussé des méthodes utilisées par les sciences exactes, comme les mathématiques, le calcul économique, l'économétrie et la modélisation, oubliant par-là que la science économique est aussi une science humaine, sociale et politique.

Pour lever toutes les ambiguïtés liées à ces trois mythes, il s'avère utile de mettre en perspective ce que sont, de notre point de vue, les termes des problématiques cruciales que posent l'enseignement et la recherche en sciences économiques à partir de l'examen de la fonction de l'université dans l'économie d'une nation.

2. Problématiques cruciales

La réflexion sur la fonction de l'université dans l'économie d'une nation constitue, sans nul doute, une phase importante dans l'analyse des idées, objet d'interrogations des acteurs sociaux concernant la nature de la formation qu'il convient d'assurer aux générations futures d'économistes. Cette réflexion est importante pour plusieurs raisons.

Elle traduit un moment fort dans l'analyse de la place à accorder, d'une part, à l'enseignement et la recherche en sciences économiques dans la société. D'autre part, il s'agit de définir le rôle que cet enseignement et cette recherche sont appelés à jouer dans un Maroc en transformation rapide, évoluant dans un monde lui-même en pleine mutation et par trop empreint d'incertitudes, d'aléas et d'insécurités.

De même, les interrogations soulevées par cette réflexion indiquent que les réformes qui en découlent constitueront le point de départ pour les changements profonds que l'université marocaine ne manquera certainement pas de connaître durant les années à venir pour répondre aux exigences de son temps, celui du Maroc du XXIe siècle.

Quels que soient, cependant, les choix qui seront faits dans ce domaine en termes de politiques publiques, cette réflexion montre que l'université ne saurait rester en dehors des orientations pour lesquelles l'économie et la société marocaines vont opter, tout comme elle ne saurait négliger les stratégies, notamment économiques, qui décideront de la meilleure préparation du Maroc de demain, et ce conformément aux ambitions inscrites et le cap fixé dans le cadre du Nouveau Modèle de Développement élaboré en 2021 pour l'horizon 2035.

Si la vision qui découle de ces choix incite à repenser radicalement les missions de l'université, elle suggère implicitement la mise en œuvre de restructurations permanentes de tout l'écosystème national d'éducation, de formation, de recherche scientifique et d'innovation, en vue de son adaptation avec les réalités changeantes du système productif national ainsi qu'avec les mutations de l'environnement international dans lequel ce système évolue.

Dans ce cadre, et au regard de l'état actuel de l'enseignement et de la recherche en sciences économiques, deux thèses sont mises en avant.

La première thèse s'articule autour de la nécessaire adéquation entre la formation et les débouchés offerts par le marché national de l'emploi. Cette articulation entre la formation et l'emploi doit être considérée comme le critère fondamental dans la conception des programmes scolaires et universitaires et dans la définition des cursus éducatifs. Cela suppose l'établissement d'une chaîne continue en matière d'adaptation et de rénovation de ces cursus afin d'être au diapason des besoins changeants du marché national du travail.

La deuxième thèse, quant à elle, en plus de tenir compte de la question des débouchés, repose sur un point de vue selon lequel l'université est appelée à contribuer, à la formation de cadres spécialisés dans les filières des sciences économiques. Mais elle doit, aussi et surtout, doter les économistes formés de la connaissance du cadre juridique définissant les droits et les obligations de tous les acteurs qui animent le circuit économique, du cadre politique qui détermine la nature des décisions appelées à guider les choix de ces acteurs en matière de politiques économiques et du cadre social justifiant les décisions prises et les choix arrêtés. Ce cadre politique mesure aussi les rôles respectifs des acteurs au sein du système productif national dans ses interactions avec son environnement international.

Ajoutons à cela l'importance pour les étudiants en cours de formation en économie, de connaître les dimensions culturelles de l'acte économique. Car, c'est cette dimension qui éclaire les acteurs et structure leurs pratiques sociales quotidiennes, leurs modes de satisfaction des besoins et leur comportement en tant que producteurs et consommateurs au sein de l'économie et de la société.

Enfin, il y a l'utilité pour les étudiants en cours de formation en économie d'être au fait du cadre historique au sein duquel tous les éléments qui précédent interagissent pour permettre aux acteurs économiques de donner un sens à leur vie dans la société à partir d'un socle commun de valeurs partagées qui est justement le produit d'accumulations historiques des acteurs et forces vives de la nation appartenant aux générations antérieures.

De là l'intérêt, pour la formation des économistes, de recourir, entre autres branches du savoir, aux enseignements des sciences juridiques, sociales et politiques, à ceux de la sociologie, de l'anthropologie, de la géographie, de l'histoire, de la communication et du digital. Car, ces branches du savoir sont susceptibles de rendre les lauréats sortants des universités aptes à maîtriser toutes dimensions de l'environnement au sein duquel ils auront à évoluer et à pratiquer leur discipline.

Pourquoi cette réflexion se pose-t-elle avec tant d'acuité aujourd'hui et demeure d'actualité ?

Une des raisons principales qui justifie cette interrogation (il en est certainement d'autres) est la suivante : jusqu'à la fin des années 1970, l'État avait le monopole de l'embauche de la quasi-totalité des cadres économistes formés par l'université marocaine et étrangère. Aussi, la recherche d'un emploi par ces cadres ne rencontrait aucun obstacle. De même, le contenu des programmes de l'enseignement à l'université ne faisait l'objet d'aucune critique, et ce en dépit de la courte durée de la formation des lauréats sortants (trois ans seulement), sans oublier que la formation universitaire elle-même était dominée alors par des cours très généraux, à dominance juridique.

Avec l'aggravation de la crise des finances de l'État à partir de 1978, le nombre de licenciés en économie recrutés dans la fonction publique allait enregistrer, en conséquence directe de cette aggravation, une baisse qui s'est accentuée avec le temps.

Si le système du service civil a contribué, durant cette période, à circonscrire le chômage des licenciés, l'adoption d'une nouvelle politique économique reposant, entre autres, sur un large mouvement de privatisations, devait pousser l'État à rompre avec sa tradition de principal pourvoyeur de postes pour l'insertion des diplômés de formation économique issus de l'université.

Toutefois, le chômage des jeunes diplômés en économie n'est pas seulement imputable à l'inadéquation de leur formation avec les besoins du marché national de l'emploi. Il constitue, également, une illustration de la crise que l'économie et la société tout entière connaissent.

Aussi, l'inadéquation de la formation, souvent avancée comme cause du chômage des diplômés, ne saurait à elle seule constituer l'explication unique de ce phénomène, étant donné que l'inadéquation de la formation avec les besoins du marché trouve son explication profonde dans la crise économique et financière qui l'a générée.

Ces deux thèses soulèvent, cependant, d'autres réflexions. En effet, la formation des économistes est évoquée jusqu'à aujourd'hui en liaison avec la nature technico-économique et technico-financière de la formation. Or, l'observation empirique de la réalité du marché national de l'emploi met en évidence l'absence de tout lien de cause à effet entre le caractère technique de cette formation et les chances d'obtenir rapidement un travail rémunéré dans le secteur public comme dans le privé. Preuve en est le chômage enregistré aussi dans les rangs des ingénieurs, des médecins, des architectes et chez d'autres titulaires de doctorats en sciences exactes.

Dès lors, on constate que le problème se pose, également, pour les cadres issus des instituts supérieurs et des grandes écoles hautement spécialisées. Si le chômage dans les rangs de ces derniers n'est pas aussi marqué qu'il ne l'est parmi les lauréats des sciences juridiques, des sciences économiques et des études littéraires, il s'agit à ce niveau d'une différence plus de degré que de nature.

Aussi, au lieu de se focaliser sur la dichotomie « formation technique-insertion », comme seul facteur explicatif du chômage des lauréats en économie sortant des universités, ne faudrait-il pas chercher d'autres facteurs pour mieux expliciter les problématiques cruciales de l'enseignement et de la recherche en sciences économiques dans leurs interactions avec les questions de l'emploi des diplômés sortant des universités ? Cela, d'autant plus que la réalité des institutions, qu'elles soient financières ou non financières, n'est pas faite que de pures techniques et n'est pas mue uniquement par de purs et simples calculs économiques.

Des données comme la motivation personnelle, les qualités de la communication, les modes opératoires qui président au choix et à la sélection des candidats à l'embauche, la parenté, le clientélisme, la corruption, les passe-droits et les monopoles (les bureaux d'études qui font de la concurrence aux nouveaux arrivants dans les métiers de l'ingénierie industrielle ou de l'architecture, à titre d'exemple), constituent autant de facteurs qui souvent consacrent la ségrégation dans l'insertion des nouveaux lauréats de l'enseignement supérieur. Si ces pratiques défient le plus souvent tout calcul et toute prévision économiques, elles montrent surtout que la réalité n'est pas faite que de techniques, mais qu'elle est complexe et plurielle.

Les chances dont dispose l'université à devenir une institution de formation des économistes d'entreprises s'amenuiseraient si on l'écartait, dans les conditions actuelles, du système productif national et de son environnement extérieur. Autrement dit, l'entreprise se doit elle-même d'assumer ses responsabilités en s'ouvrant sur cet environnement, à commencer par l'université. Le système de contrats, comme l'une des formes institutionnelles les plus appropriées de cette ouverture, constitue une option sérieuse et digne d'intérêt. C'est, à notre sens, à cette condition que l'université pourra prendre part à la formation des économistes d'entreprise.

Il convient de signaler, en outre, que si l'université est appelée à s'orienter vers une formation dominée par le caractère pratique, axé sur les techniques quantitatives appliquées à l'économie, cela ne doit pas faire oublier qu'en quittant l'université, l'économiste formé est appelé à intégrer un environnement qui n'est pas uniquement constitué de structures technico-économiques et technico-financières.

Cette conception pourrait conduire à une vision assez restreinte de l'enseignement des sciences économiques, étant donné que la définition de l'économie n'est pas seulement « l'étude du comportement humain comme une relation entre des fins et des moyens rares, qui ont des usages mutuellement exclusifs ».

En effet, de par son horizon restreint, cette conception ne laisse voir en l'économie, qu'un simple ensemble de techniques spécialisées, comme l'économie mathématique, ou encore, l'informatique appliquée à l'économie et à l'analyse des projets. Or, s'en tenir à cette conception, c'est oublier que le spécialiste de l'analyse des projets doit également intervenir en tant que sociologue et historien de l'économie. Aussi conviendrait-il, à un moment où l'on insiste sur la nécessité et les avantages de la formation multidisciplinaire, de ne pas réduire la formation des économistes à celle de simples techniciens spécialisés, tant nous avons la conviction que les techniques économiques ne sont pas à séparer des autres dimensions de l'acte économique. Car, la réalité économique est une totalité. Elle constitue un tout indivisible où aucune dimension ne devrait occulter les autres. Entre la formation multidisciplinaire et celle purement technique et spécialisée, il est une position médiane qui permet de former un économiste d'entreprise possédant en même temps la capacité de maîtriser l'ensemble des dimensions de son environnement immédiat.

Par ailleurs, c'est aller contre toute logique économique que de laisser tous les établissements de formation en sciences économiques s'engager dans la formation d'économistes d'entreprise, sous le prétexte qu'il y a une crise d'insertion professionnelle des lauréats en économie sortant des universités.

La formation centrée sur une technicité poussée peut, si l'on n'en prend pas garde, conduire à des résultats opposés aux objectifs escomptés, eu égard au très grand nombre de cadres techniques spécialisés en économie tournés uniquement sur les besoins de l'entreprise. Ces cadres finissent par rejoindre un marché de l'emploi, que les différents secteurs d'activité ne sauraient absorber en totalité. Ce qui, évidemment, engendre voire aggrave le chômage des lauréats titulaires de diplômes de formations économiques. L'université ne devrait pas, de ce fait, être appréhendée à la seule aune des exigences des seuls besoins des entreprises, car cela réduirait considérablement la mission dont elle est censée se charger.

Car, la société a également besoin de sociologues, d'historiens, de géographes, d'anthropologues, de juristes, de politologues, de philosophes, d'hommes de lettres et d'artistes. Avoir des connaissances variées et étendues, dans le sens encyclopédique, importe bien moins que de pouvoir contribuer, chacun dans le domaine de sa spécialité, à la formation de cadres possédant des compétences qui puissent être mises au service du développement du pays dans toutes ses composantes et secteurs d'activité.

Mieux encore, on oublie trop souvent qu'en tout lieu et en tout temps, l'université a toujours été un espace de recherche, de réflexion et de débat sur les grandes questions de l'économie et de la société.

L'on ne saurait, en effet, occulter cette mission essentielle de l'université sans courir le risque d'ankyloser l'âme de la société et paralyser son imaginaire collectif. Un regard indépendant, libre, différencié et diversifié, qui embrasse l'évolution de la société et du monde, est nécessaire pour le progrès économique et social, quelle que soit la nature de ce regard.

À l'heure des grandes mutations que connaissent la société et le monde, c'est à l'université qu'il appartient d'insuffler une nouvelle dynamique, pour qu'elle puisse accompagner ces mutations, assurer le rayonnement du pays et contribuer au savoir et au patrimoine culturel et intellectuel universel.

L'économiste d'entreprise, au même titre que l'économiste, historien ou encore l'analyste des faits économiques, ont tous une place à occuper et un rôle à jouer dans cette action de grande envergure. C'est à la société qu'il revient, cependant, de les doter des moyens susceptibles d'aider à ce que cette contribution se fasse de la meilleure façon possible.

Après l'insertion professionnelle, qu'il convient sans doute de prendre en considération et de faire avancer, n'est-ce pas que c'est à ces différents niveaux que se situe, également, l'une des tâches les plus nobles dont l'économiste doit s'acquitter au sein et vis-à-vis de la société ?

C'est dans ces dimensions que réside l'importance politique et économique de la refonte des contenus et des structures de l'ensemble de l'écosystème national d'éducation, de formation et de recherche. Mais pour mener à bien cette refonte, il convient d'adopter une approche fondée sur la concertation entre tous les acteurs de cet écosystème, et ce en vue de parvenir à un consensus nécessaire pouvant déboucher sur des réponses partagées et efficaces aux défis de notre temps.

Nul doute que cette orientation, devenue indispensable, est dictée par une réalité économique et sociétale où la valorisation du capital humain et le développement de l'économie de la connaissance sont devenus par excellence les éléments déterminants de la compétitivité globale de l'économie et de la société, eu égard à leurs impacts sur la production de la richesse, la création de valeurs nouvelles et la promotion de l'emploi.

Pour toutes ces raisons réunies, l'entreprise, peut jouer un rôle majeur dans le processus de production de la richesse, comme elle est appelée à devenir un acteur d'avant-garde dans la création des chaînes de valeurs, mais si et seulement si elle inscrit ses actions dans une interaction fonctionnelle avec l'Université, l'État, les territoires et les autres composantes de la société.

Toutefois, dans ce cadre, la stratégie de gestion du capital humain et de l'économie de la connaissance par l'entreprise s'inscrit dans un contexte marqué par cinq faits majeurs :

La découverte par l'entreprise marocaine de la problématique de la gestion des ressources humaines vient à un moment où les modèles de gestion dominants connaissent à ce niveau de grandes mutations, du fait de l'apparition de nouveaux modèles d'organisation des activités en raison du développement du mode postindustriel de production et d'échange. Cette mutation met les entreprises devant l'obligation de définir de nouveaux critères plus adéquats pour la gestion du capital humain, qui soit compatible avec ses spécificités, ses contraintes et ses potentialités au sein de l'économie nationale.

Cependant, cette situation présuppose la maîtrise des structures de financement et de formation, ainsi que des structures juridiques, en tant qu'élément fondamental, à même d'aider à la génération des savoir-faire techniques et des pratiques novatrices indispensables pour faire face à la concurrence internationale.

Par ailleurs, la gestion du capital humain s'opère à une phase du développement où l'économie nationale connaît une sorte de réhabilitation de l'entreprise, et où s'accroît la prise de conscience de l'importance de l'économie du savoir et de l'innovation dans la création de richesses.

Sur un tout autre plan, il convient de signaler que, jusqu'à une période assez récente, le comportement de l'entrepreneur pris individuellement au sein de la société marocaine n'était pas isolé de la famille, de la tribu ou de l'État. Aujourd'hui, on constate une sorte d'autonomie relative de l'entrepreneur vis-à-vis de ces différents groupes composant le tissu social national.

L'on peut donc affirmer, avec justesse, que nous sommes à l'aube d'une autonomie relative de l'entreprise, comparativement aux autres acteurs de la vie économique et sociale, et que l'identité de l'entreprise au Maroc aujourd'hui est devenue un fait marquant, certain et incontestable, et ce en dépit du caractère récent de ce phénomène.

À une autre échelle, force est de relever que la gestion des ressources humaines par l'entreprise connaît une évolution croissante, dans un climat marqué par l'instabilité de l'environnement international et régional, la complexité de la conjoncture économique, la multiplicité et la diversité des incertitudes, des insécurités et des risques dont font l'objet les entreprises, le tout amplifié par le phénomène d'obsolescence rapide des savoirs , des savoir-faire, des qualifications, des technologies et des métiers impulsés par l'exacerbation de la concurrence entre les entreprises.

Ces données réunies rendent encore plus malaisée toute véritable tentative de maîtrise de la gestion prospective prévisionnelle des ressources humaines, de la compétitivité des entreprises et, corrélativement, celle du système économique dans son ensemble.

Par ailleurs, la gestion du capital humain s'opère dans un contexte marqué par une logique qui reste loin d'appréhender l'importance de l'augmentation des ressources dédiées au financement de la formation qualifiante, à la recherche scientifique et l'innovation , à la modernisation des relations professionnelles et à l'élaboration de politiques sociales au sein de l'entreprise, alors que ces éléments sont devenus fondamentaux dans la réalisation du nécessaire équilibre entre efficacité économique et équité sociale.

Enfin, sur un tout autre plan, la réflexion sur la problématique du capital humain, bien qu'étant encore à ses débuts au Maroc, reste essentiellement limitée aux entreprises localisées dans le milieu urbain.

Cette orientation consacre un dualisme à effets d'entraînement négatifs sur le développement équilibré entre les milieux urbain et rural. Négliger les multiples articulations et interactions qui existent entre les deux milieux au sein de l'économie nationale, c'est aboutir à un aménagement du territoire qui oublie que la valorisation du capital humain en milieu urbain est intimement liée à celle en cours dans le milieu rural, d'autant plus que ce dernier abrite une proportion qui demeure encore importante parmi la population marocaine.

Cela confère à la dimension territoriale de la valorisation du capital humain national une grande importance. Une telle réalité doit inciter à donner un contenu productif aux rôles qui seront assignés aux collectivités territoriales et aux entreprises dans le cadre de la régionalisation avancée.

Elle doit, enfin, aussi et surtout, inciter à mettre en place des dispositifs appropriés de formation pour mieux ancrer l'enseignement et la recherche en sciences économiques dans les territoires.

L'ensemble des constantes présentées et des problématiques cruciales ainsi examinées permettent de comprendre les réalités fondamentales de tout l'écosystème national d'enseignement et de recherche en économie.

3. Réalités fondamentales

Ces réalités caractérisent jusqu'à nos jours l'enseignement et la recherche en sciences économiques au Maroc.

La première réalité est celle de la crise de production et de reproduction par l'université marocaine d'une masse critique d'économistes d'un niveau d'excellence et de compétence à la mesure des exigences de la formation et de la recherche en sciences économiques dans le Maroc du XXI siècle. À ce niveau, force est de constater que, hormis l'apport que constituent les Marocains du Monde, il y a un sérieux problème de relève en matière de formation des nouvelles générations d'enseignants-chercheurs en économie.

La deuxième réalité réside dans la nature éclatée de l'enseignement des sciences économiques. Aussi, l'image que donne cet enseignement est que chaque enseignant, chaque master, chaque laboratoire et chaque faculté forment ses étudiants en économie à tâtons, selon la propre formation initiale de ses enseignants et leurs visions de ce champ du savoir et celles de leurs « anciens pères ».

La troisième réalité a trait à l'absence d'une démarche partagée et coordonnée par le corps enseignant de ce que devait être la formation des économistes, et ce en raison de l'absence d'un pilotage institutionnel unifié en matière de réflexion collective concertée à l'échelle nationale des économistes marocains sur cette problématique.

La quatrième réalité est qu'il n'y a aucun mécanisme de suivi, d'évaluation et surtout de contrôle, ni des programmes, ni de l'enseignement des sciences économiques dans les facultés marocaines. De ce fait, chaque enseignant fait ce qu'il veut et ce qu'il peut en dehors de tout contrôle au sens noble du terme et sans référentiel nationalement partagé et mutuellement accepté par l'ensemble des composantes du système de formation des économistes. Les réalités syndicales et l'attachement des enseignants du supérieur à leur autonomie et à leur indépendance en cette matière, somme toute légitime, rend impossible les avancées au niveau de cette dimension très sensible et importante de l'évaluation de l'état de l'enseignement et de la recherche en sciences économiques dans l'université marocaine d'aujourd'hui.

La cinquième réalité, que nous allons démontrer dans cet ouvrage, chiffres à l'appui, est que, hormis l'apport réel que pourrait constituer les économistes constitués des Marocains du Monde, la production scientifique en économie connait une vraie stagnation, voire une régression pour certaines spécialisations. La raison structurelle profonde est liée à la crise profonde de production d'éminents économistes par les universités publiques marocaines, et au fait que ce qui reste comme économistes des anciennes générations est plus pris par le conseil et l'expertise auprès des organismes publics et privés nationaux et internationaux que par la production scientifique académique proprement dite et la recherche fondamentale et appliquée en sciences économiques.

À ce niveau, il faut rendre hommage aux associations marocaines d'économistes pour avoir su offrir un cadre de réflexion et un espace de publication des travaux des rares enseignants en sciences économiques encore « contaminés par le virus » de la recherche.

Partant de ces considérations préliminaires, de ces constats et de ces problématiques, quel est l'état des lieux de l'enseignement et de la recherche en sciences économiques dans les universités publiques marocaines ?

II
ÉTAT DES LIEUX

Il ne s'agit pas dans cet état des lieux d'analyser l'évolution de la pensée économique au Maroc en vue d'élaborer une typologie des écoles et des courants portés par les économistes marocains pratiquant l'enseignement et la recherche en sciences économiques dans les universités publiques marocaines. Comme nous l'avons signalé auparavant, ce travail, bien qu'il date, a déjà fait l'objet d'une recherche menée par le Pr Noureddine El Aoufi, publiée en 2009 dans le cadre de l'étude intitulée « L'évaluation du système national de la recherche dans le domaine des sciences humaines et sociales », réalisée sous la direction du Professeur Mohamed Cherkaoui.

Il s'agit, plutôt, dans ce travail, d'un côté, d'étudier les termes de la problématique de l'enseignement et de la recherche en économie à partir de la mise en perspective des défis majeurs que connaît l'ensemble de l'écosystème national d'éducation, de formation et de recherche. D'un autre côté, il s'agit de faire un diagnostic quantitatif des éléments constitutifs de cette problématique à partir de l'examen de l'évolution des indicateurs les plus pertinents concernant l'enseignement et la recherche en sciences économiques dans les universités publiques marocaines. Ces indicateurs ont trait à l'évolution du nombre d'étudiants inscrits en économie, des diplômés formés (Licence, Master et Doctorat), des enseignants-chercheurs recrutés et des productions d'ouvrages publiés par les économistes de ces universités et répertoriés par la Bibliothèque nationale du Royaume et la Bibliothèque Roi Abdul-Aziz Al Saoud.

Ces données sont d'une extrême importance, d'une part, pour connaitre les réalités de cette composante essentielle du système national d'éducation, de formation, de recherche scientifique et d'innovation, et d'autre part, pour apporter un éclairage empirique, scientifiquement valide, sur un aspect fondamental qui pourrait apporter un éclairage sur les performances de l'écosystème national d'enseignement et de recherche en sciences économiques.

1. Évolution du nombre d'étudiants en sciences économiques

L'évolution des effectifs globaux des étudiants inscrits dans les universités publiques marocaines montre que le nombre total enregistré, en 2020, représente presque quatre fois celui de l'année 2000 et 26,3 fois celui de 1976, soit une progression continue significative.

Par sexe, l'évolution a été plus importante chez les étudiantes, dont l'effectif a été multiplié par plus de 68 fois, entre 1976 et 2020, contre seulement 16 fois chez les étudiants de sexe masculin. Cette évolution par sexe impacte le taux de féminisation dans l'enseignement supérieur public, qui est passé de 19,2% en 1976 à 50,5% en 2020. Autrement dit, en 2020, on a dépassé légèrement la parité en faveur des filles, alors qu'on avait uniquement 16 étudiantes sur 100 en 1976.

Tableau 1- Évolution du nombre d'étudiants inscrits en sciences économiques dans les universités publiques marocaines entre 1976 et 2020

		Nombre total des étudiants inscrits dans toutes les universités publiques (toutes disciplines confondues)	**Nombre total des étudiants inscrits en sciences économiques**
1976	Homme	28.312	4219
	Femme	6725	792
	Global	35.037	5011
2000	Homme	142.667	29056
	Femme	107.444	19260
	Global	250.111	48316
2020	Homme	456.240	86155
	Femme	465704	109857
	Global	921.944	196.012

Source : MESRSI, Rabat, 2021

Pour les étudiants inscrits en sciences économiques, l'évolution est encore plus marquante, puisque l'effectif des inscrits en 2020 représente plus de 39 fois celui de 1976. Dit autrement, l'attrait de la filière des sciences économiques s'est accentué au fil des années. Ce constat est corroboré par le poids des effectifs inscrits en économie dans l'effectif global, qui est passé de 14,3% en 1976, à 19,3% en 2000 et à 21,3% en 2020. Par sexe, la tendance, chez les filles à choisir la filière des sciences économiques, est exponentielle. En effet, entre 1976 et 2020, l'effectif des filles a été multiplié par 138,6 fois, passant de 792 à 109.857 étudiantes, alors que l'effectif des garçons a enregistré un effet multiplicateur de seulement 20,4 fois au cours de la même période, passant de 42.19 à 86.155. Cette évolution a bouleversé la structure par sexe des effectifs inscrits en économie, puisque l'indice de parité est passé de 15,8% à 56%. Aussi, en 2020, on relève la prédominance des filles inscrites en sciences économiques avec une proportion de 56%, contre seulement 15,8% en 1976 et 39,9% en 2000.

Par région, la répartition des étudiants en économie en 2020 fait ressortir la concentration de plus de la moitié du total des étudiants dans quatre universités. Il s'agit de Casablanca (19,7%), Agadir (15,2%), Tétouan (12,9%) et Rabat (8,9%). Quant aux proportions les plus faibles, elles sont enregistrées durant la même année à El Jadida (2,3%) et Béni Mellal (3,3%). Comparativement à l'année 2000, les données révèlent une concentration de plus de la moitié des étudiants inscrits en sciences économiques dans les universités de Casablanca (26%) et de Rabat (24,5%).

Tableau 2- Répartition (en %) des étudiants inscrits en sciences économiques par université entre 2000 et 2020

Universités	**2000**	**2020**
Université Abdelmalek Essaâdi – Tétouan	4,3	12,9
Université Cadi Ayyad – Marrakech	15,4	7
Université Chouaïb Doukali – El Jadida	-	2,3
Université Ibn Zohr – Agadir	4,1	15,2
Université Mohammed Premier – Oujda	5	6,3
Université Mohammed V – Rabat	24,5	8,9
Université Moulay Ismaïl – Meknès	7,4	6,5
Université Sidi Med ben Abdellah – Fès	9	6,6
Université Moulay Slimane – Beni Mellal	-	3,3
Université Hassan II – Casablanca	26	19,7
Université Ibn Tofaïl – Kenitra	-	4,9
Université Hassan Premier – Settat	4,3	6,4
Total général	**100**	**100**

Sources : MESRSI, Rabat, 2021

2. Évolution du nombre de diplômés en sciences économiques

L'évolution des effectifs inscrits en sciences économiques a impacté celui des diplômés, puisque leur nombre a atteint, en 2020, 25.574 diplômés, dont 58,6% sont de sexe féminin contre seulement 39,7% en 2000. Par type de diplôme, 83% des diplômés ont obtenu la licence en 2020, suivis par les titulaires du Master avec 16,5% et 0,5% seulement pour les doctorats. Ce qui signifie que sur 100 étudiants inscrits en sciences économiques, seuls 5 arrivent au niveau du doctorat, soit des taux d'abandon et de déperdition extrêmement élevés.

Par sexe, le taux de féminisation de l'ensemble des diplômés est de 58,6%. Dès lors, sur 100 diplômés en sciences économiques, presque 59 sont de sexe féminin. Cette proportion atteignait 39,7% en 2000. C'est au niveau du cycle de doctorat qu'on trouve le plus d'étudiants de sexe masculin, avec une part de 53,7% en 2020, mais en baisse depuis 2000 où cette part atteignait 83,3%.

Tableau 3- Évolution par diplôme des lauréats de l'enseignement supérieur en sciences économiques entre 2000 et 2020

	2000						2020					
	Homme		Femme		**Total**		Homme		Femme		**Total**	
	Effectif	**%**	**Effectif**	**%**	**Effectif**	**%**	**Effectif**	**%**	**Effectif**	**%**	**Effectif**	**%**
Licence	2369	97,0	1569	97,5	**3938**	**97,2**	8647	81,7	12.567	83,9	**21.214**	**83,0**
Master	63	2,6	39	2,4	**102**	**2,5**	1868	17,6	2358	15,7	**4226**	**16,5**
Doctorat	10	0,4	2	0,1	**12**	**0,3**	72	0,7	62	0,4	**134**	**0,5**
Total	**2442**	**100,0**	**1610**	**100,0**	**4052**	**100,0**	**10.587**	**100,0**	**14.987**	**100,0**	**25.574**	**100,0**

Source : MESRSI, Rabat, 2021

En examinant le rendement de la branche des sciences économiques à partir d'une évaluation des entrées et des sorties du système sur la base de la liaison entre les effectifs des étudiants inscrits et ceux ayant obtenu leurs diplômes, on relève une certaine évolution, somme toute relative, notamment pour la licence et le master, puisque sur 100 étudiants inscrits, en 2020, en sciences économiques, 13 obtiennent un diplôme contre seulement 8,4 en 2000. Par sexe, ce ratio passe chez les femmes de 8,4 à 13,6 contre 8,4 et 12,3 chez les hommes.

Tableau 4- Évolution du ratio de diplômés pour 100 étudiants en sciences économiques entre 2000 et 2020

Années	Homme	Femme	**Total**
2000	8,4	8,4	**8,4**
2020	12,3	13,6	**13,0**

Source : Ratios calculés à partir des données du MESRSI

Par rapport à l'effectif total des étudiants inscrits dans les universités publiques, le ratio de diplômés en sciences économiques sur 100 étudiants atteint 2,8 en 2020 contre 1,6 en 2000.

L'évolution a été plus importante chez les filles, puisque ce ratio a plus que doublé, au cours de cette période, passant de 1,5 à 3,2, contre 1,7 et 2,3 chez les étudiants de sexe masculin.

Tableau 5- Évolution du ratio de diplômés en sciences économiques pour 100 étudiants dans les universités publiques entre 2000 et 2020

Années	Homme	Femme	**Total**
2000	1,7	1,5	**1,6**
2020	2,3	3,2	**2,8**

Source : Ratios calculés à partir des données du MESRSI

Mais, comme signalé auparavant, force est de constater, au regard de la problématique de cette recherche, que les données montrent de la façon la plus claire que la part de ceux parmi les étudiants inscrits en sciences économiques qui arrivent à obtenir leurs diplômes de docteurs est tellement faible que cela a un impact certain à la fois sur la production de la relève en enseignants-chercheurs, et sur le développement présent et futur de la recherche en économie.

3. Évolution de l'effectif des enseignants-chercheurs en sciences économiques recrutés par les universités publiques marocaines

Le nombre d'enseignants-chercheurs de l'enseignement supérieur public en sciences économiques était estimé en 2020 à 1295, dont 32,1% sont de sexe féminin. Leur effectif a plus que doublé en 20 ans, puisqu'il ne dépassait pas 533 enseignants en 2000, avec un taux de féminisation de 19,5%. À cet égard, le nombre d'enseignants de sexe féminin a plus que quadruplé entre 2000 et 2020, passant de 104 à 416 enseignantes contre 429 à 879 pour les hommes.

En 2020, 30,1% de l'effectif total de ces enseignants relève de la filière de « commerce et gestion » et 69,9% des « sciences économiques, sociales et de gestion ». Ces proportions atteignaient en 2000 respectivement 13,5% et 86,5%.

Tableau 6- Évolution du nombre d'enseignants-chercheurs en sciences économiques recrutés dans les universités publiques marocaines entre 1975 et 2020

		Nombre d'enseignants en sciences économiques formés dans les universités marocaines		
		Sciences économiques, sociales et de gestion	**Commerce et Gestion**	**Total**
1975-76	**Homme**	79	-	**79**
	Femme	12	-	**12**
	Total	**91**	-	**91**
1999-2000	**Homme**	380	49	**429**
	Femme	81	23	**104**
	Total	**461**	72	**533**
2019-2020	**Homme**	615	264	**879**
	Femme	290	126	**416**
	Total	**905**	390	**1.295**

Source : MESRSI, Rabat, 2021

L'examen de la structure par âge du corps enseignant en sciences économiques fait ressortir en 2020 que 89,7% ont un âge supérieur à 35 ans. Par sexe, cette proportion atteint 93,6% chez les hommes et 81,3% chez les femmes. Ce constat montre l'afflux de plus en plus important de jeunes femmes attirées par l'enseignement en sciences économiques, puisque celles ayant moins de 35 ans représentent 19,7% du corps enseignant féminin contre seulement 6,4% chez les hommes.

Par branche, 65,7% du corps enseignant âgé de moins de 35 ans exercent en « sciences économiques, sociales et de gestion » contre seulement 34,3% dans la filière « commerce et gestion ». Concernant la tranche d'âge de 35 ans et plus, ces proportions atteignent respectivement 70,4% et 29,6%.

Tableau 7- Structure par âge des enseignants-chercheurs en sciences économiques recrutés dans les universités publiques en 2019-2020

Moins de 35 ans		**Nombre d'enseignants en sciences économiques formés dans les universités marocaines**		
		Sciences économiques, sociales et de gestion	**Commerce et Gestion**	**Total**
Homme	**35 ans et +**	37	19	**56**
	Total	578	245	823
	Moins de 35 ans	615	264	879
Femme	**35 ans et +**	51	27	78
	Total	239	99	338
	Moins de £35 ans	290	126	416
Total	**35 ans et +**	88	46	134
	Total	817	344	1.161
	Moins de 35 ans	905	390	1.295

Source : MESRSI, Rabat, 2021

Compte non tenu des impacts divers de l'opération de départ volontaire, avec les départs massifs à la retraite des générations de professeurs d'économie des années 80 et 90 sans un taux de renouvellement équivalent d'un côté, et au regard de la massification constatée au niveau des inscriptions des étudiants dans les filières relevant des sciences économiques, de l'autre, on note que la crise de l'encadrement a d'ores et déjà atteint un niveau de gravité qui se ressent d'année en année et sur la qualité de l'enseignement et sur celle de la recherche en économie. L'appui public volontariste en termes d'octroi additionnel de postes budgétaires reste, toutefois, insuffisant au regard des besoins croissants et importants en enseignants-chercheurs et en personnel administratif.

III
L'APPUI À LA RECHERCHE EN SCIENCES ÉCONOMIQUES

L'appui à la recherche en sciences économiques menée par les doctorants et les enseignants-chercheurs des universités publiques est l'œuvre principalement du Centre national pour la recherche scientifique et technique (CNRST). Cet appui repose sur deux piliers : les bourses d'excellence octroyées aux étudiants méritants et le financement de projets de recherche.

1. Les bourses d'excellence

À ce niveau, et à titre d'illustration, selon les données du CNRST au titre de l'année 2020, sur 651 demandes présélectionnées, 460 dossiers concernent la réforme pédagogique LMD. Par discipline, les dossiers les plus présélectionnés concernent la biologie (71), l'économie et gestion (65), les lettres (60), la physique (58) et les sciences d'ingénieur (54). Pour les disciplines qui ne font pas partie du système LMD, c'est-à-dire licence, master et doctorat, qui sont au nombre de 191 demandes présélectionnées, elles concernent, principalement, la biologie (35), l'économie et gestion (32), la physique (29) et les sciences de l'ingénieur (27). Sur les 651 dossiers présélectionnés, 300 sont déjà attribués et 351 dossiers sont en attente.

Pour les filières relevant du système LMD, sur 460 dossiers présélectionnés, 210 ont été attribués. Le reste était en attente ; soit une proportion de 45,7 % de demandes satisfaites. Pour les NLMD, c'est-à-dire les ingénieurs, la médecine et la médecine vétérinaire, la médecine dentaire, les ingénieurs agronomes, les demandes émanant de l'ISCAE et des ENCG, sur 191 demandes, 90 ont été attribués et 101 sont en attente, soit une proportion de demandes favorables de 47,1 %.

Tableau 8- Nombre de dossiers présélectionnés, attributaires et en attente par domaine-2019

Domaines	**e-candidatures 43 %**			**Présélectionnés**		**Attributaires**		**liste d'attente**	
	Total	LMD*	NLMD**	LMD	NLMD	LMD	NLMD	LMD	NLMD
Biologie	249	237	12	71	35	32	16	39	19
Chimie	152	145	7	43	21	20	10	23	11
Droit	52	52	0	22	0	10	0	12	0
Économie et gestion	228	161	67	65	32	30	15	35	17
Géologie	76	73	3	22	11	10	5	12	6
Informatique	143	105	38	41	21	19	10	22	11
Lettres	147	144	3	60	3	26	3	34	0
Maths	83	72	11	24	12	11	6	13	6
Physique	204	176	28	58	29	27	13	31	16
Sciences de l'ingénieur	189	100	89	54	27	25	12	29	15
TOTAL	1523	1265	258	460	191	210	90	250	101
				651		300		351	

Sources : CNRST, 2021, Rabat

*LMD : Licence, Maîtrise et Doctorat

**NLMD : Ingénieur, médecine et médecine vétérinaire, médecine dentaire, ingénieur agronome, ISCAE et ENCG.

2. L'appui aux projets de recherche en sciences économiques

Concernant l'appui aux projets de recherche, en sciences économiques, dans les différents programmes financés par le CNSRT, on a dénombré, entre 2015 et 2020, 49 projets qui portent sur les domaines liés, principalement, à l'économie du développement, à l'analyse de la consommation, à l'étude du marché du travail et des ressources humaines, aux dynamiques entrepreneuriales et aux politiques économiques. Il faut relever qu'au cours de la même période, le CNRST a financé un nombre total de 667 projets, dont seulement 49 concernent les sciences économiques, faisant de cette filière un des parents pauvres de l'appui à la recherche comme le montrent les données ci-après.

Tableau 9- Évolution du nombre de projets en sciences économiques dans les différents programmes financés par le CNRST entre 2015 et 2020

Domaines	**Nombre**
Économie du développement	**4**
Économie publique	
Économie des ressources naturelles	
Finances et banques	**3**
Analyse de l'investissement et de l'épargne	**2**
Analyse de la consommation	**6**
Analyse des marchés	
Dynamique entrepreneuriale	**7**
Marché du travail et ressources humaines	**6**
Politiques économiques	**5**
Géoéconomie	**4**

Relations économiques internationales	**1**
Commerce international	
Information économique	**4**
Intelligence économique	**4**
Veille technologique et commerciale	**1**
Théories économiques	
Didactique de l'économie	**2**
Nombre total de programmes accrédités	**618**
Nombre de programmes en sciences économiques	**49**
Total Général	**667**

Sources : CNRST, 2021, Rabat

Par université, on relève qu'Agadir et Casablanca se classent en premiers dans les projets financés par le CNRST avec un nombre respectif de 9 et 7 projets. Elles sont suivies par Rabat (6), Meknès (6), Marrakech (5) et Tétouan (5). Le reste est à répartir entre les universités de Settat (2), Kenitra (2), Fès (2) et Béni Mellal (1).

Tableau 10- Répartition des projets en sciences économiques dans les différents programmes accrédités par le CNRST entre 2015 et 2020

Universités	**Nombre**
Université Mohammed V de Rabat	**6**
Université Hassan 1er de Settat	**2**
Université Moulay Ismaël de Meknès	**6**
Université Chouaib Doukkali d'El Jadida	**4**
Université Ibn Tofail de Kénitra	**2**
Université Sidi Mohammed Ben Abdellah	**2**
Université Mohammed 1er d'Oujda	**-**
Université Hassan II de Casablanca	**7**
Université Ibn Zohr d'Agadir	**9**
Université Abdelmalek Essaâdi de Tétouan	**5**
Université Moulay Slimane de Béni Mellal	**1**
Université Cadi Ayyad de Marrakech	**5**

Sources : CNRST, 2021, Rabat

Par établissement d'appartenance du porteur du projet, on trouve en premier lieu les facultés des sciences juridiques, économiques et sociales qui bénéficient de 21 projets financés par le CNRST. Ils sont répartis entre 9 projets dans le Programme Covid-19 dans les domaines des politiques économiques et de l'analyse du marché de l'emploi, 3 projets dans le Programme Ibn Khaldoun et 9 dans le Programme SHSE. Elle est suivie des ENCG qui englobent 15 projets répartis entre le Programme Covid-19 (6), le Programme SHSE (7) et le Programme Ibn Khaldoun (2). Les domaines choisis portent, notamment, sur les dynamiques entrepreneuriales, l'intelligence économique, les finances, l'analyse de la consommation et l'économie du développement. Le reste des projets est réparti entre les établissements de l'EST (3), la FLSH (5) et l'IURS (1). À signaler que le Programme Covid-19 englobe 18 projets, le Programme Ibn Khaldoun 8 projets et le Programme SHSE 19 projets.

Tableau 11- Répartition des projets en sciences économiques par établissement d'appartenance du porteur

Programme Covid-19 :

Domaines \ Établissement	**ENCG**	**FSJES**	**EST**	**FLSH**	**Total général**
Analyse de l'investissement et de l'épargne	1				1
Analyse de la consommation	1		1		2
Dynamique entrepreneuriale	3	1			4
Finances et banques	1	1			2
Information économique		1	1	1	3
Intelligence économique		1			1
Marché du travail et ressources humaines		2			2
Politiques économiques		3			3
Total général	**6**	**9**	**2**	**1**	**18**

Sources : CNRST, 2021, Rabat

Tableau 12- Répartition des projets en sciences économiques par établissement d'appartenance du porteur-Programme Ibn Khaldoun

Domaines \ Établissement	**ENCG**	**FSJES**	**FLSH**	**IURS**	**Total général**
Analyse de l'investissement et de l'épargne			1		1
Analyse de la consommation	1				1
Didactique de l'économie		1			1
Dynamique entrepreneuriale	1				1
Géoéconomie			1	1	2
Politiques économiques		1			1
Relations économiques internationales		1			1
Total général	2	3	2	1	8

Sources : CNRST, 2021, Rabat

Tableau 13- Répartition des projets en sciences économiques par établissement d'appartenance du porteur-Programme SHSE

Domaines \ Établissement	**ENCG**	**FSJES**	**EST**	**FLSH**	**Total général**
Analyse de la consommation		2		1	3
Dynamique entrepreneuriale	1	1			2
Économie du développement	1				1
Économie et développement	1			1	2
Finances et banques	1				1
Géoéconomie		1			1
Information économique	1				1
Intelligence économique	1	1	1		3
Marché du travail et ressources humaines		4			4
Politiques économiques	1				1
Total général	7	9	1	2	19

Sources : CNRST, 2021, Rabat

Au vu de ce qui précède, il est tout à fait logique que la production de recherches scientifiques en économie dans les universités publiques en soit affectée, et ce malgré les efforts menés par les structures nationales d'appui. La production d'ouvrages en sciences économiques s'en trouve nécessairement affectée.

IV
L'ÉVOLUTION DE LA PRODUCTION D'OUVRAGES D'ÉCONOMIE

Concernant cet aspect important de l'évaluation de l'état de la recherche en sciences économiques dans les universités publiques marocaines, l'attention sera portée sur i) l'examen de l'évolution de la production d'ouvrages en économie, ii) la contribution des enseignants-chercheurs à la production de ces ouvrages et iii) la mise en exergue des principaux domaines de la production des ouvrages d'économie.

1. L'évolution de la production d'ouvrages en économie

Depuis l'indépendance du Maroc en 1956, 872 ouvrages en sciences économiques ont été répertoriés entre 1957 et 2020, soit une moyenne de 14 ouvrages par an. L'évolution de la production a été positive jusqu'à 2005, puisque le nombre d'ouvrages d'économie est passé de 18 entre 1957 et 1975 à 239 livres entre 1995 et 2005. Autrement dit, le Maroc enregistrait la publication d'un seul livre par an en sciences économiques entre 1957 et 1975.

Ce ratio est passé à 24 ouvrages par an entre 1995 et 2005. Entre 2005 et 2015, on a relevé une baisse du rythme de production annuelle par rapport à la décennie précédente, soit 22 ouvrages annuellement pour croître à 27 au cours de la période 2015-2020. En comparant trois dates, 1976, 2000 et 2020, on remarque la baisse importante entre 2000 et 2020 de la production des ouvrages en sciences économiques, puisque leur nombre est passé de 32 à 25 par an.

Tableau 14- Évolution du nombre d'ouvrages en sciences économiques répertoriés par la BNRM et la Bibliothèque Roi Abdul-Aziz Al-Saoud entre 1957 et 2020

	Entre 1957 - 1975	Entre 1975 - 1985	Entre 1985 - 1995	Entre 1995 - 2005	Entre 2005 - 2015	Entre 2015 - 2020	Total
Nombre	18	91	167	239	220	137	872

Sources : Tableau réalisé par l'auteur

Par rapport à la période, 2015-2020, le nombre d'ouvrages d'économie répertorié en 2020 demeure inférieur à la moyenne de la période quinquennale, signe de l'existence d'une tendance à la baisse de la production des ouvrages en sciences économiques.

Tableau 15- Nombre d'ouvrages en sciences économiques répertoriés par la BNRM et la Bibliothèque Roi Abdul-Aziz Al-Saoud pour les années 1976, 2000 et 2020

	1976	2000	2020
Nombre	6	32	25

Sources : Tableau réalisé par l'auteur

2. La contribution des enseignants-chercheurs à la production d'ouvrages d'économie

En mettant en rapport la production des ouvrages d'économie et l'évolution de l'effectif des enseignants-chercheurs en sciences économiques dans les universités publiques, on relève une tendance à la baisse de la production des ouvrages d'économie par enseignant-chercheur. En effet, en 2020, 100 enseignants-chercheurs ont contribué à la production de seulement trois ouvrages en sciences économiques. Ce ratio atteignait sept entre 1976 et 2000. Pourtant, entre 1976 et 2020, l'effectif des enseignants-chercheurs en sciences économiques a été multiplié par presque dix, alors que celui de la production d'ouvrages d'économies n'a été multiplié que par quatre.

Tableau 16- Ratio nombre d'ouvrages en sciences économiques répertoriés par la BNRM et la Bibliothèque du Roi Abdul-Aziz Al-Saoud et nombre d'enseignants des sciences économiques et de gestion pour les années 1976, 2000 et 2020

	1976	**2000**	**2020**
Nombre d'enseignants en sciences économiques et gestion	91	461	905
Nombre d'ouvrages en économie publiés et répertoriés	6	32	25
Nombre de livres par enseignant	0,07	0,07	0,03

Sources : Tableau réalisé par l'auteur

Cette situation reflète le problème que rencontre l'université publique marocaine à former et à recruter des enseignants-chercheurs en sciences économiques en mesure de contribuer à la promotion de la recherche dans ce domaine crucial pour le développement du pays.

3. Les domaines des ouvrages d'économie produits

L'évaluation du contenu des publications en sciences économiques révèle que parmi les thèmes les plus abordés par les auteurs des ouvrages publiés répertoriés entre 1957 et 2020 appartiennent principalement à quatre domaines. En effet, on trouve, en premier lieu, les ouvrages de « monnaie, finances et banques » qui englobent 21,7% du total des ouvrages répertoriés, suivi des ouvrages consacrés aux « politiques économiques » avec 14,6%, aux « théories économiques » avec 12,9% et à « l'économie du développement » avec 11,2%.

Tableau 17- Évolution du nombre de livres en sciences économiques répertoriés entre 1957 et 2020 par domaine

	Entre 1957 et 1975	**Entre 1975 et 2000**	**Entre 2000 et 2020**	**Total 1957-2020**
Économie du développement	4	43	53	100
Histoire des faits économiques	0	17	10	27
Méthodologie économique	0	5	23	28
Économétrie	0	6	11	17
Économie des ressources naturelles	2	12	8	22
Monnaie, finances et banques	1	74	118	193
Analyse de l'investissement et de l'épargne	0	9	19	28
Analyse de la consommation	1	6	0	7

Analyse des marchés	0	11	18	29
Économie de l'entreprise	1	22	30	53
Marché du travail et ressources humaines	0	17	19	36
Politiques économiques	2	54	74	130
Relations économiques internationales	5	24	39	68
Information économique	0	25	3	28
Intelligence économique	0	0	9	9
Théories économiques	2	41	72	115
Cours et travaux dirigés en économie	6	144	247	397
Ouvrages à compte d'auteur	12	277	298	587
Ouvrages en langue arabe	4	81	127	212
Ouvrage en langue française	14	285	360	659
Ouvrages en anglais	0	0	17	17
Ouvrages en espagnol	0	0	2	2

Sources : Tableau réalisé par l'auteur

Dans ce cadre, on relève que l'intérêt porté aux sujets liés à « la monnaie, la finance et la banque » a augmenté avec le temps puisque leur part, dans le total des ouvrages d'économie répertoriés, est passée de 5,6% entre 1957 et 1975 à 23,3% entre 2000 et 2020.

Les domaines qui ont enregistré une baisse de leur place parmi les ouvrages d'économie répertoriés depuis l'indépendance du Maroc, on note particulièrement, les thèmes relatifs à « l'économie des ressources naturelles », dont la part est passée de 11,3% entre 1957 et 1975 à 1,6% entre 2000 et 2020, et à « l'analyse de la consommation », dont la part est passée de 5,6% à 0% au cours de la même période.

Tableau 18- Répartition des parts respectives par domaine des ouvrages en sciences économiques répertoriés entre 1957 et 2020 (en pourcentage)

Domaine	**Entre 1957 et 1975**	**Entre 1975 et 2000**	**Entre 2000 et 2020**	**Total 1957-2020**
Économie du développement	4,0	43,0	53,0	100,0
Histoire des faits économiques	0,0	63,0	37,0	100,0
Méthodologie économique	0,0	17,9	82,1	100,0
Économétrie	0,0	35,3	64,7	100,0
Économie des ressources naturelles	9,1	54,5	36,4	100,0
Monnaie, finances et banques	0,5	38,3	61,1	100,0

Analyse de l'investissement et de l'épargne	0,0	32,1	67,9	100,0
Analyse de la consommation	14,3	85,7	0,0	100,0
Analyse des marchés	0,0	37,9	62,1	100,0
Économie de l'entreprise	1,9	41,5	56,6	100,0
Marché du travail et ressources humaines	0,0	47,2	52,8	100,0
Politiques économiques	1,5	41,5	56,9	100,0
Relations économiques internationales	7,4	35,3	57,4	100,0
Information économique	0,0	89,3	10,7	100,0
Intelligence économique	0,0	0,0	100,0	100,0
Théories économiques	1,7	35,7	62,6	100,0
Total	**2,0**	**41,1**	**56,9**	**100,0**

Sources : Tableau réalisé par l'auteur

Tableau 19- Évolution du nombre d'ouvrages en sciences économiques répertoriés entre 1957 et 2020 par domaine (en pourcentage)

Domaines	**Entre 1957 et 1975**	**Entre 1975 et 2000**	**Entre 2000 et 2020**	**Total 1957-2020**
Économie du développement	22,2	11,7	10,5	11,2
Histoire des faits économiques	0,0	4,6	2,0	3,0
Méthodologie économique	0,0	1,4	4,5	3,1
Économétrie	0,0	1,6	2,2	1,9
Économie des ressources naturelles	11,1	3,3	1,6	2,5
Monnaie, finances et banques	5,6	20,2	23,3	21,7
Analyse de l'investissement et de l'épargne	0,0	2,5	3,8	3,1
Analyse de la consommation	5,6	1,6	0,0	0,8
Analyse des marchés	0,0	3,0	3,6	3,3
Économie de l'entreprise	5,6	6,0	5,9	6,0
Marché du travail et ressources humaines	0,0	4,6	3,8	4,0
Politiques économiques	11,1	14,8	14,6	14,6
Relations économiques internationales	27,8	6,6	7,7	7,6
Information économique	0,0	6,8	0,6	3,1
Intelligence économique	0,0	0,0	1,8	1,0
Théories économiques	11,1	11,2	14,2	12,9
Total	**100,0**	**100,0**	**100,0**	**100,0**

Sources : Tableau réalisé par l'auteur

Selon la langue de publication, le français prédomine avec plus de 70% des livres répertoriés. Il est suivi de la langue arabe avec 23,8%. Cependant, en examinant l'évolution des langues de publication des ouvrages d'économie par période, on constate, au cours des périodes 1957/1975 et 2000/2020, une baisse relative de la langue française, puisqu'elle est passée de 77,8% à 71,1%. Cette baisse s'est faite au profit des autres langues, particulièrement, l'anglais et l'espagnol dont les parts sont passées respectivement de 0% à 3,4% et de 0% à 0,4%.

Tableau 20- Répartition du nombre d'ouvrages en sciences économiques répertoriés entre 1957 et 2020 selon la langue de publication (en pourcentage)

Langues utilisées	**Entre 1957 et 1975**	**Entre 1975 et 2000**	**Entre 2000 et 2020**	**Total 1957-2020**
Ouvrages en langue arabe	22,2	22,1	25,1	23,8
Ouvrages en langue française	77,8	77,9	71,1	74,0
Ouvrages en anglais	0,0	0,0	3,4	1,9
Ouvrages en espagnol	0,0	0,0	0,4	0,2
Total	**100,0**	**100,0**	**100,0**	**100,0**

Sources : Tableau réalisé par l'auteur

Tableau 21- Taux d'évolution du nombre d'ouvrages en sciences économiques répertoriés entre 1957 et 2020 selon la langue utilisée

Langues utilisées	**Entre 1957 et 1975**	**Entre 1975 et 2000**	**Entre 2000 et 2020**	**Total 1957-2020**
Ouvrages en langue arabe	1,9	38,2	59,9	100,0
Ouvrages en langue française	2,1	43,2	54,6	100,0
Ouvrages en anglais	0,0	0,0	100,0	100,0
Ouvrages en espagnol	0,0	0,0	100,0	100,0
Total	**2,0**	**41,1**	**56,9**	**100,0**

Sources : Tableau réalisé par l'auteur

Par ailleurs, l'examen des ouvrages de sciences économiques édités et répertoriés entre 1957 et 2020 montre que 397 sur 872 des ouvrages sont constitués de cours et travaux dirigés en économie, dont 62,2 % l'ont été au cours de la période 2000-2020.

En examinant la part des cours et travaux dirigés dans le total des ouvrages en économie répertoriés, on relève une moyenne de 21,2 % entre 1957 et 2020. Autrement dit, sur 100 ouvrages en sciences économiques répertoriés, 21 concernent les cours et travaux dirigés. Par période, on note l'augmentation continue de la part de ces ouvrages, qui est passée de 16,7 % à 23,5 % entre 1957 et 1975 et 2000 et 2020.

Tableau 22- Évolution du nombre de cours et travaux dirigés en sciences économiques répertoriés entre 1957 et 2020

Période	**Entre 1957 et 1975**	**Entre 1975 et 2000**	**Entre 2000 et 2020**	**Total 1957-2020**
Nombre d'ouvrages référencés issus de cours et travaux dirigés en économie	6	144	247	397
Part dans le nombre total d'ouvrages répertoriés en pourcentage	16,7	18,3	23,5	21,2

Sources : Tableau réalisé par l'auteur

Quant aux ouvrages publiés à compte d'auteur, leur nombre a atteint 587 entre 1957 et 2020. Ils représentent 31,3 % dans le total des ouvrages répertoriés durant cette phase. Par période, la part des ouvrages à compte d'auteurs a oscillé entre 33,3 % et 35,2 % sur les périodes 1957/1975 et 1975/2000 et entre 28,4 % et 31,3 % sur les périodes 1975/2000 et 2000/2020.

Il faut relever, cependant, que comme pour les ouvrages d'économie constitués de cours et de travaux dirigés, la part des ouvrages publiés à compte d'auteur représente 50,8% du total des ouvrages répertoriés entre 2000 et 2020.

Tableau 23- Évolution du nombre d'ouvrages publiés à compte d'auteur en sciences économiques répertoriés entre 1957 et 2020 (en pourcentage)

Période	**Entre 1957 et 1975**	**Entre 1975 et 2000**	**Entre 2000 et 2020**	**Total 1957-2020**
Nombre total d'ouvrages référencés à compte d'auteur en économie	12	277	298	597
Part dans le nombre total d'ouvrages répertoriés en pourcentage	33,3	35,2	28,4	31,3

Sources : Tableau réalisé par l'auteur

Outre son intérêt pédagogique indiscutable, cette progression de la publication des cours et des travaux dirigés, ainsi que l'édition à compte d'auteur, dans le total des ouvrages publiés en sciences économiques par les enseignants-chercheurs des universités publiques nationales et répertoriés entre 2000 et 2020, s'explique dans une grande mesure par l'existence d'un marché rémunérateur qui, toutes proportions gardées, « n'a que peu de choses à voir » avec les préoccupations de la recherche fondamentale et appliquée.

Sans nullement la justifier, cette pratique éditoriale paraît légitime au regard de la détérioration des conditions de vie d'une partie importante des enseignants-chercheurs du supérieur, dont les salaires n'ont pas augmenté depuis plus de dix ans et restent dérisoires malgré l'augmentation étalée sur trois ans, somme toute très modeste, décidée en 2023.

Ces données et conclusions sont corroborées par les résultats très éclairants de l'enquête que nous avons réalisée, à titre d'illustration, auprès d'un échantillon de 150 lauréats des universités publiques marocaines titulaires d'une licence, d'un master et d'un doctorat en sciences économiques.

DEUXIÈME PARTIE

CE QUE PENSENT 150 DIPLÔMÉS EN ÉCONOMIE DE LA SITUATION DE L'ENSEIGNEMENT ET DE LA RECHERCHE EN SCIENCES ÉCONOMIQUES DANS LES UNIVERSITÉS PUBLIQUES MAROCAINES

RÉSULTATS D'UNE ENQUÊTE

I
PRINCIPALES CARACTÉRISTIQUES DES DIPLÔMÉS ENQUÊTÉS

Pour apporter un éclairage complémentaire de l'intérieur de l'écosystème national d'éducation, de formation et de recherche sur la problématique de l'enseignement et de la recherche en sciences économiques dans les universités publiques marocaines, le regard des étudiants lauréats des formations économiques et l'examen de leurs appréciations des éléments saillants de cette problématique apparaît d'une grande utilité. Aussi, nous avons réalisé une enquête qui a concerné un échantillon de 150 diplômés en sciences économiques, lauréats des universités publiques marocaines, dont 80 sont de sexe féminin.

Presque toutes les régions sont représentées dans l'échantillon. L'âge des lauréats enquêtés oscille entre 20 et 67 ans. Cet écart permet d'apprécier l'évolution dans le temps de l'examen par ces lauréats de l'environnement, de la formation et de la recherche dans lequel ils ont évolué.

L'année d'obtention des diplômes varie entre 1984 et 2021. Cinq diplômes sont concernés, le DEUG, la Licence, le Master, le DESA et le Doctorat. Les variables du questionnaire se répartissent en deux catégories.

La première catégorie englobe des informations sur l'âge, le sexe, le lieu de résidence, la fonction, le diplôme, l'université d'attache, le sujet de mémoire pour le Master et le Doctorat ainsi que le nom du professeur encadrant.

La deuxième catégorie a porté sur l'appréciation par les étudiants enquêtés de thématiques précises relatives à la filière des « sciences économiques », et ce à partir des questions ouvertes suivantes :

– Quels sont les dix économistes marocains qui ont marqué, par leur production scientifique et leurs enseignements, votre formation en sciences économiques ?
– Quels sont les dix ouvrages d'économie publiés par des économistes marocains que vous considérez parmi les meilleures productions nationales en sciences économiques ?
– Quelles sont les matières en sciences économiques qui ont contribué le plus à votre formation en économie ?
– Quelles sont les matières d'économie que vous auriez souhaité avoir dans votre cursus de formation ?
– Quels sont les grands problèmes que vous avez rencontrés lors de votre de formation ?
– Quels sont les changements majeurs que vous pensez utiles dans l'enseignement des sciences économiques dans les universités publiques marocaines ?
– Enfin, quelles sont selon vous les réformes nécessaires pour améliorer l'état de la recherche en sciences économiques ?

Les réponses à toutes ces questions que nous avons collectées et analysées ont l'intérêt de permettre de dégager les principales tendances relatives à chaque composante de la problématique de l'enseignement et de la recherche en sciences économiques dans les universités publiques marocaines, comme elles contribuent à apporter un éclairage sur les pistes d'améliorations possibles.

Sur les 150 lauréats en sciences économiques enquêtés, 32,6 % ont moins de 25 ans, presque 40 % appartiennent à la tranche d'âge 25-34 ans et 15 % ont 45 ans ou plus. Chez les femmes, ces proportions atteignent respectivement 36,4 %, 36,4 % et 11,7 % contre 28,1 %, 43,8 % et 18,8 % chez les hommes.

Tableau 24- Répartition des diplômés enquêtés par groupe d'âge et par sexe

Groupe d'âge	Féminin	Masculin	Ensemble
20-24 ans	36,4	28,1	32,6
25-34 ans	36,4	43,8	39,7
35-44 ans	15,6	9,4	12,8
45 et +	11,7	18,8	14,9
Total	**100,0**	**100,0**	**100,0**

Source : Données de l'enquête

Cette structure par groupe d'âge permet de relever que 61 % des diplômés enquêtés de moins de 25 ans sont de sexe féminin. Cette proportion atteint 66,7 % chez la tranche des 35-44 ans, 42,9 % chez les 45 ans et plus contre 53,3 % à l'échelle de l'échantillon, confirmant ainsi la tendance générale relevée dans l'état des lieux général concernant l'état et l'évolution de la population étudiante en sciences économiques au niveau national.

Par région, seule celle de Drâa-Tafilalet ne dispose pas de représentants dans l'échantillon. La région de Rabat-Salé-Kénitra est la plus représentée, puisqu'elle constitue 43,3 % de l'effectif enquêté. Elle est suivie par Casablanca-Settat avec 16 % et Fès-Meknès avec 9,3 %.

Par type d'activité, 40 % des diplômés enquêtés sont inactifs et 59,3 % sont des actifs occupés. Ces proportions atteignent 46 % et 54 % chez les femmes, contre respectivement 33,3 % et 65,3 % chez les hommes.

Tableau 25- Répartition des diplômés enquêtés selon le sexe et le type d'activité

	Féminin	**Masculin**	**Total**	**Taux de féminisation**
Étudiant	43,4	33,3	38,6	58,9
Chômeur	0,0	1,4	0,7	0,0
Retraité	2,6	0,0	1,4	100,0
Actif occupé	54,0	65,3	59,3	48,0
Total	**100,0**	**100,0**	**100,0**	**52,4**

Source : Données de l'enquête

Selon le diplôme, 1,3 % ont déclaré avoir le DEUG, 42,7 % la licence, 45,3 % le master et 10,7 % le doctorat. Par sexe, ces proportions atteignent chez les femmes, respectivement, 47,5 % pour la licence, 46,3 % pour le master et 6,3 % pour le doctorat contre respectivement 37,1 %, 44,3 % et 15,7 % chez les hommes. Le taux de féminisation des licenciés enquêtés est de 59,4 % contre 31,3 % chez ceux titulaires d'un doctorat.

Tableau 26- Répartition des enquêtés par sexe et par diplôme (en %)

Diplôme	Féminin	Masculin	Total	Taux de féminisation
DEUG	0,0	2,9	1,3	0,0
Licence	47,5	37,1	42,7	59,4
Master	46,3	44,3	45,3	54,4
Doctorat	6,3	15,7	10,7	31,3
Total	**100,0**	**100,0**	**100,0**	**53,3**

Source : Données de l'enquête

Le plus jeune diplômé enquêté titulaire d'un master est âgé de 24 ans. Il l'a obtenu en 2020 et il habite à Boujdour. Le plus âgé a 61 ans, il a obtenu son diplôme en 1999 et habite à Rabat. Quant aux titulaires d'un doctorat, le plus jeune enquêté est âgé de 28 ans. Il est de sexe masculin et le plus âgé a 56 ans. Il est de sexe masculin.

Les thèmes des mémoires et thèses soutenues pour l'obtention du master et du doctorat couvrent toutes les problématiques du développement du Maroc. Ils sont globalement liés à des préoccupations de nature conjoncturelle. En effet, en tenant compte de la dimension temporelle, on relève que les thématiques abordées, au cours de la première décennie des années 2000 ont porté, principalement, sur les investissements directs étrangers, le renforcement du partenariat intra et inter-pays, les déterminants de la politique économique du Maroc et le commerce international.

Quant à la deuxième décennie, on trouve des sujets de mémoires et de thèses qui mettent l'accent sur les questions liées à la gouvernance du développement au Maroc, l'audit, l'économie appliquée, l'économétrie, la comptabilité nationale, les relations économiques internationales, l'intelligence économique, le marketing, l'entrepreneuriat, la gestion des ressources humaines, l'économie sociale, les finances, les stratégies économiques, l'économie du territoire et le développement durable.

II
L'APPRÉCIATION PAR LES LAURÉATS DE LEUR FORMATION

1. Les économistes marocains ayant marqué le plus la formation des lauréats enquêtés

L'examen des réponses relatives aux économistes marocains ayant marqué la formation des diplômés enquêtés permet d'identifier une diversité de réponses correspondant à quatre catégories de lauréats :

La première concerne une catégorie de lauréats enquêtés qui a déclaré n'avoir été marquée par aucun économiste marocain. Cette catégorie de lauréats déclare avoir eu recours principalement aux écrits d'auteurs étrangers pour ses recherches académiques ainsi que pour l'amélioration de ses connaissances en économie.

Une deuxième catégorie est plus attirée par l'expertise des économistes exerçant dans l'administration publique nationale, comme Bank Al Maghrib et le Haut-Commissariat au Plan et par celle des think tank marocains comme l'OCP Policy Center For the New South et les publications de l'Université Ouverte de Dakhla.

La troisième catégorie ne fait pas de distinction entre les économistes marocains et considère que tous les professeurs sont compétents et contribuent à leur encadrement, au développement de la recherche en économie et à la diffusion du savoir économique dans les universités publiques nationales.

La quatrième catégorie opte pour un nombre d'économistes qui constituent un dénominateur commun à tous les lauréats, quel que soit le type de diplômes (licence, master ou doctorat).

À ce dernier niveau, force est de constater une similitude entre les filles et les garçons dans le choix des économistes qui les ont le plus marqués durant leur cursus universitaire. On remarque, également, la très faible présence féminine dans la liste des économistes cités qui ont le plus influencé et marqué la formation des lauréats enquêtés.

On relève aussi l'incapacité des nouvelles générations de lauréats à proposer le nom des dix économistes qui leur ont apporté une valeur ajoutée dans leur parcours académique. Une partie importante parmi ces lauréats se limite dans les meilleurs des cas à citer moins de cinq noms d'économistes. Le plus souvent, il s'agit de leurs professeurs, même si ces derniers sont des doctorants vacataires et même s'ils n'ont publié aucun ouvrage d'économie et ne sont pas connus à l'échelle de la communauté des économistes exerçant dans les universités publiques marocaines.

Plus précisément, par type de diplôme, on remarque que chez les licenciés de sexe masculin, les noms des économistes les plus cités sont par ordre alphabétique : Najib Akesbi, Driss Ben Ali, Noureddine El Aoufi, Driss Guerraoui, Larbi Jaidi, Habib Malki, Fathallalh Oualaalou, Abdeslam Seddiki. Chez les lauréats de sexe féminin titulaires d'une licence, les économistes qui les ont le plus marqués sont Najib Akesbi, Nourredine El Aoufi, Driss Guerraoui et Larbi Jaidi.

Chez les diplômés enquêtés, titulaires d'un Master, les noms d'économistes qui reviennent fréquemment, chez les lauréats de sexe masculin, sont Najib Akesbi, Aziz Belal, Abdelkader Berrada, Mohamed Berrada, Nourddine El Aoufi, Driss Guerraoui, Larbi Jaidi, Habib Malki, Omar Kabaj, Soumaya

El Hassouni et Omar Kettani. Chez les enquêtés de sexe féminin titulaires d'un master, les économistes les plus cités sont Najib Akesbi, Aziz Belal, Larbi Jaidi, Driss Guerraoui, Omar Kettani et Fathallah Oualaalou.

Selon les universités d'attache des diplômés enquêtés, on note qu'à l'Université Mohammed V de Rabat, les économistes les plus cités sont Mohammed Abdellaoui, Najib Akesbi, Mohamed Rajae Amrani, Aziz Belal, Driss Guerraoui, Larbi Jaidi, Omar Kettani, Rachid M'rabet et Fathallah Oualaalou.

2. Ouvrages publiés par des économistes marocains considérés par les lauréats enquêtés parmi les meilleures productions nationales en sciences économiques

Concernant l'appréciation par les lauréats enquêtés de la production d'ouvrages d'économie publiés par les économistes marocains considérés parmi les meilleures au niveau national, les résultats de l'enquête permettent de relever cinq catégories de lauréats.

La première, très majoritaire, est constituée de lauréats qui ont de réelles difficultés à proposer le nombre suggéré de dix ouvrages avec leurs auteurs. Ce qui montre que la très grande majorité des lauréats ne connaissent pas la production d'ouvrages d'économie sur le marché national du livre.

Il existe une deuxième catégorie de lauréats qui a du mal à citer au moins un ouvrage publié par les économistes marocains.

La troisième catégorie, appartenant à tous les types de diplôme, de sexe, d'âge et de régions, est composée de lauréats qui reconnaissent la présence de certains ouvrages, mais qui n'arrivent pas à citer avec précision les auteurs de ces ouvrages.

La quatrième catégorie se contente de citer uniquement les ouvrages des auteurs responsables de l'encadrement de leur mémoire ou thèse.

La cinquième catégorie, enfin, est attirée plus par les articles qui figurent dans les ouvrages, notamment collectifs, que par les ouvrages eux-mêmes, l'objectif étant de cibler les informations relatives soit à leurs cours, soit à la préparation de leurs recherches menées dans le cadre de leur mémoire ou thèse.

Ainsi, parmi les ouvrages les plus cités chez les licenciés enquêtés, on trouve, principalement, ceux publiés par :

– Najib Akesbi : *L'impôt, l'État et l'ajustement ;*

– Mehdi El Manjra : *Humiliation à l'ère du méga-impérialisme ;*

– Mohamed Boulouize, *Histoire de la pensée économique ;*

– Driss Guerraoui : *Regards sur un monde incertain, Les nouveaux territoires économiques, La nouvelle économie mondiale et l'intelligence économique en Afrique ;*

– Mohamed Harakat : *La nouvelle diplomatie économique en Afrique, Études d'impact et politiques publiques au Maroc, et Les finances publiques et les impératifs de la performance : le cas du Maroc ;*

– Larbi Jaidi : *Gouvernance de la réforme de la justice et du climat des affaires à l'aune du statut avancé ;*

– Fouzi Mourji et Hicham Masmoudi : *L'état de l'économie marocaine : un potentiel de développement réel mais contraint ;*

– Khalid Sekkat et Lahcen Achy, L'économie marocaine en questions (1956-2006)

D'autres ouvrages ont été cités sans préciser leurs auteurs. Il s'agit notamment des ouvrages suivants :

– *Le Maroc possible, une offre de débat pour une ambition collective ;*

– *Intelligence économique et guerres secrètes ;*
– *L'économie de l'investissement ;*
– *Le leadership dans les organisations marocaines ;*
– *La responsabilité sociétale des entreprises et performance financière ;*
– *Les États en guerre économique ;*
– *Intelligence économique et compétitivité de l'entreprise marocaine ; Quelle interaction ?*
– *Équilibres externes, compétitivité et processus de transformation structurelle de l'économie marocaine ;*
– *Le Maroc, hub régional, Stratégies des échanges sud-sud ;*
– *Intelligence territoriale et développement régional par l'entreprise : Expériences internationales comparées ;*
– *Figures de la précarité : genre et exclusion économique au Maroc ;*
– *Développement local et gouvernance territoriale ;*

En comparant les propositions des plus jeunes et des plus âgés parmi les lauréats enquêtés, quelle que soit la nature du diplôme (Licence, Master ou Doctorat), les réponses révèlent une véritable méconnaissance par les diplômés des universités publiques marocaines des ouvrages publiés par les économistes de leur pays.

3. Matières en sciences économiques ayant contribué le plus à la formation des lauréats enquêtés

Concernant les matières d'économie qui ont contribué le plus à la formation des diplômés enquêtés, on note un consensus, tous diplômes confondus, sur certains modules et matières dispensés jugées utiles, particulièrement la microéconomie, la macroéconomie, l'économétrie, la statistique et la comptabilité. Certains enquêtés considèrent que toutes les matières dispensées sont de qualité, correspondent à la filière choisie et n'avantagent pas des modules par rapport à d'autres.

En comparant les lauréats enquêtés selon l'âge et le diplôme, on remarque que chez les licenciés, si les plus âgés considèrent que toutes les matières dispensées sont importantes, les plus jeunes mettent l'accent sur six matières :

– La logistique de distribution ;

– L'analyse financière ;

– Les techniques de la négociation technico-commerciale ;

– L'informatique de gestion ; et

– Les techniques comptables.

Selon la nature du diplôme, les lauréats les plus jeunes, titulaires d'un master affirment que la microéconomie et la macroéconomie ont le plus contribué à leur formation, alors que les plus âgés mettent en valeur le cours d'économie appliquée.

Chez les titulaires d'un doctorat, les plus jeunes estiment que toutes les matières dispensées sont utiles, alors que les plus âgés placent l'économie politique et la statistique au premier rang des matières ayant contribué le plus à leur formation.

Ainsi, pour les diplômés de l'université Chouaib Doukkali d'El Jadida, les modules ayant contribué le plus à leur formation sont :

– La gestion des entreprises ;

– L'économie politique ;

– Le droit, l'audit et le contrôle de la gestion ;

– La microéconomie, la macroéconomie, l'économétrie et l'économie des ressources naturelles ;

– L'économie internationale, la modélisation, les statistiques, l'analyse financière et l'actuariat ;

– Le marketing ;

– Le management des organisations, le droit économique, le droit de l'entreprise et le commerce international.

À l'université Mohammed V de Rabat, les matières les plus utiles pour les diplômés enquêtés sont :

– La microéconomie, la macroéconomie et l'économétrie ;
– L'analyse statistique et la modélisation ;
– L'économie des ressources naturelles ;
– Le marketing ;
– La comptabilité, l'audit et le contrôle de gestion ;
– Les théories et la gestion des crises économiques ;
– Les relations diplomatiques ;
– La recherche opérationnelle ;
– La gestion financière et droit ;
– Les politiques publiques ;
– L'intelligence économique ; et
– L'économie des territoires.

Pour l'université Hassan II de Casablanca, les lauréats enquêtés ont privilégié les modules suivants :

– La fiscalité, la comptabilité générale, le contrôle de gestion, la gestion financière et l'analyse financière ;
– Les statistiques et l'informatique ;
– Le marketing ;
– La finance internationale ;
– L'intégration régionale ;
– L'économie politique ;
– La macroéconomie, la microéconomie et l'économétrie ; et
– Les politiques économiques.

4. Matières d'économie souhaitées être enseignées durant le cursus de formation en sciences économiques

En interrogeant les diplômés enquêtés sur les modules qu'ils auraient souhaité leur être dispensés durant leur cursus de formation en sciences économiques, cinq volets se dégagent.

- Le premier réside dans la confirmation de ce qui a été dispensé durant leur formation matérialisée par les modules liés à la microéconomie, la macroéconomie et l'économétrie.
- Le deuxième exprime le besoin d'introduire les matières qui permettent de renforcer leur employabilité par la professionnalisation de leur formation. Il s'agit de l'enseignement de la communication, des langues, des matières liées aux compétences comportementales ou *soft skills*, l'intelligence économique, le marketing digital, les relations diplomatiques du point de vue économique et l'intelligence émotionnelle.
- Le troisième volet comporte l'introduction de modules liés à la gestion de projets, à la finance islamique, au marché financier, à la gestion des stratégies alternatives, à la comptabilité analytique, aux lois de finances et au droit de la reddition des comptes.
- Le quatrième volet concerne l'enseignement de la planification stratégique, la prospective, la régionalisation et le marketing territorial.

Le dernier volet est lié à l'introduction dans la formation des économistes de l'analyse des données et des outils informatiques, de l'analyse des processus de décision, particulièrement la maîtrise des logiciels de modélisation.

En comparant les appréciations des diplômés selon l'âge, on relève que les licenciés enquêtés les plus jeunes souhaitent l'introduction des modules relatifs au management des projets, à l'analyse des données et au management, alors que les licenciés les plus âgés proposent l'enseignement de la planification stratégique, la prospective, l'analyse statistique, l'analyse de l'information économique et les agrégats économiques.

- Par diplôme, les plus jeunes titulaires du master estiment que l'importance doit être accordée à la maîtrise des logiciels informatiques, au moment où pour les plus âgés parmi les lauréats ayant le même diplôme, ce sont la modélisation dans le domaine monétaire, l'actuariat et la politique monétaire qu'il convient de privilégier.
- Plus jeunes des lauréats enquêtés titulaires d'un doctorat, insistent sur l'importance d'introduire des modules relatifs au développement des compétences comportementales ou *soft skills*, alors que les plus âgés placent la modélisation économétrique approfondie comme module majeur à intégrer dans le cursus de formation des étudiants en sciences économiques.

Pour les diplômés de l'Université Chouaib Doukkali d'El Jadida, les modules proposés sont :

- L'analyse économique ;
- Le droit des affaires et l'entrepreneuriat ;
- L'économie des politiques publiques ;
- Les marchés de capitaux, la bourse, les finances Islamiques;
- La préparation aux entretiens d'embauche ;
- Le marketing digital ;
- La gestion hôtelière et droit des contrats.

Les diplômés enquêtés de l'université Mohammed V de Rabat ont proposé les modules suivants :

– Les logiciels ;
– La macro-économie ;
– Les marchés de capitaux ;
– Le commerce international ;
– Le digital ;
– Le climat des affaires et l'investissement ;
– Le management des systèmes d'information ;
– La comptabilité nationale ;
– L'économie de l'environnement ;
– La prospective ;
– L'économie du Maroc ;
– Les statistiques ;
– La planification stratégique et la prospective ;
– l'enseignement des langues ;
– La géoéconomie ;
– Les sondages ;
– Le management de la qualité ;
– La probabilité, la modélisation et l'économétrie.

Quant aux lauréats de l'université Hassan II de Casablanca, les suggestions se déclinent comme suit :

– Le marketing digital, l'audit et l'analyse des données ;
– Les langages algorithmiques de la programmation et les systèmes d'information ;
– La recherche opérationnelle ;
– Le management de l'information ;
– La modélisation ;
– L'analyse financière ;
– L'analyse des données ;

– L'évaluation des politiques publiques ;
– L'intelligence économique ;
– La communication, les *soft skills*, l'intelligence émotionnelle ; et
– La gestion des projets.

5. Les grands problèmes rencontrés en matière d'enseignement et de recherche lors du cursus de formation

L'examen des résultats de l'enquête révèlent à ce niveau huit types de problèmes évoqués par les diplômés enquêtés.

Le premier concerne la qualité de la formation et de l'encadrement des mémoires et des thèses. Ainsi, plusieurs lauréats ont relevé la qualité insuffisante des compétences des professeurs qui les ont formés et encadrés. Dans leur très grande majorité, les lauréats ont déclaré que, hormis quelques rares exceptions, leurs enseignants ne remplissent pas les conditions nécessaires pour mieux former et bien accompagner les étudiants durant tout leur cursus académique. Cette situation est particulièrement critique lors de la préparation des mémoires et des thèses, qu'il s'agisse de la Licence, du Master ou du Doctorat.

Le deuxième problème est lié à l'absence de cours pratiques. En effet, dans leur très grande majorité, les lauréats enquêtés ont déclaré que les cours se basent souvent sur des enseignements théoriques sans référence à des exemples concrets puisés dans l'environnement national, régional ou international relatif aux matières enseignées et aux thèmes étudiés.

Le troisième problème porte sur l'inadéquation entre la formation et les besoins du marché de l'emploi. Cette inadéquation aggrave le chômage des lauréats, affectant ainsi les diplômés entrant dans le marché du travail.

Le quatrième problème est lié à la maîtrise des langues. Plusieurs lauréats enquêtés reconnaissent leurs lacunes en la matière, non encore résolues à l'échelle des universités publiques marocaines.

Le cinquième problème concerne l'absence d'activités parascolaires. Or, ces activités constituent un facteur important d'épanouissement, d'ouverture, d'apprentissage des valeurs de citoyenneté, du vivre ensemble et parfois de promotion sociale.

Le sixième problème a trait à l'absence de partenariat avec les universités étrangères et les acteurs socioéconomiques nationaux.

Le septième est lié au nombre limité de places affecté au master au regard du nombre important de licenciés candidats à ce type de diplôme.

Le huitième problème, enfin, est relatif à l'encombrement des salles et amphithéâtres. Cet encombrement impacte négativement l'expérience d'apprentissage, avec toutes les conséquences qui en découlent, notamment sur les performances globales de l'ensemble de l'écosystème national d'enseignement et de recherche en sciences économiques dans les universités publiques marocaines.

En comparant les appréciations des lauréats enquêtés selon le diplôme, on constate que les plus jeunes licenciés considèrent que la focalisation de la formation dispensée en sciences économiques sur les connaissances théoriques au détriment du volet pratique constitue l'un des problèmes majeurs de la formation des économistes dans les universités publiques marocaines. C'est ce qui expliquerait, selon eux, les difficultés que les lauréats rencontrent pour trouver un emploi. Par contre, les lauréats titulaires d'une licence parmi les plus âgés, mettent la surcharge des programmes au premier plan des problèmes rencontrés lors de leur formation.

Pour les diplômés titulaires d'un master, si les plus jeunes placent les problèmes des langues comme l'entrave majeure à la formation, la recherche et l'insertion dans le marché du travail, pour les plus âgés parmi eux, les véritables problèmes sont principalement liés aux moyens très faibles mis à la disposition des étudiants des universités publiques pour accomplir au mieux leur formation.

Chez les lauréats enquêtés, titulaires d'un doctorat, les plus âgés jugent l'accès à l'information et aux données, le nombre limité des ouvrages d'économie produits par des auteurs marocains et la nature théorique des cours dispensés parmi les principaux problèmes qui affectent la formation.

Les lauréats de l'université Chouaib Doukkali d'El Jadida mettent en avant la surcharge des salles et des amphithéâtres, la nature très théorique des cours au détriment de la pratique, les difficultés d'accès aux études de Master, la surcharge des programmes et les difficultés de trouver des stages.

Pour les lauréats enquêtés de l'université Mohammed V de Rabat, les problèmes majeurs sont :

– La maîtrise des langues ;
– Le manque d'étude de cas sur l'économie marocaine ;
– Des cours théoriques et déconnectés de la réalité ;
– L'existence de plusieurs matières inutiles et sans finalité ;
– Un encadrement démotivant et décourageant quand il existe ;
– Le manque de professeurs de haut niveau et réellement spécialistes dans les matières qu'ils enseignent ;
– L'absence de visibilité chez les étudiants en termes de poursuites d'études, de stage et d'emploi ; et
– L'inadéquation de la formation en économie avec les besoins du marché du travail.

Concernant l'université Hassan II de Casablanca, les problèmes concernent les volets suivants :

- La nature théorique des cours dispensés ;
- L'incompétence de certains professeurs ;
- L'inadéquation des programmes de formation avec les besoins du marché de l'emploi ;
- Les difficultés d'accès à l'information et aux données ; et
- Le nombre limité de masters.

6. Les changements majeurs à introduire en matière d'enseignement des sciences économiques

Pour valoriser l'enseignement en sciences économiques dans les universités publiques marocaines, les lauréats enquêtés ont formulé plusieurs propositions. Celles-ci reposent sur la réalisation des conditions permettant de construire un écosystème de l'enseignement supérieur global et cohérent, à partir de la gestion des problèmes cumulés en amont du secteur au niveau du fondamental, du primaire, du collégial et du secondaire, notamment en matière d'apprentissage des langues. Aussi, les réponses des lauréats enquêtés portent-elles sur six axes importants.

Le premier concerne la valorisation de la place de l'université en tant que pôle de développement à l'échelle nationale, continentale et internationale.

Le deuxième est relatif au système d'orientation. Celui-ci doit fournir toutes les informations permettant aux étudiants de connaître les parcours de formation existants, leurs objectifs et leurs spécificités, et ce afin d'anticiper l'évolution des métiers et d'être au fait des exigences futures du marché du travail. La clarification de tous ces éléments pour chaque domaine de formation exige la définition des finalités des cursus, leurs débouchés potentiels et les opportunités liées aux formations. Le but est de permettre l'adéquation des matières enseignées avec les attentes des étudiants au regard des impératifs de leur insertion professionnelle.

Le troisième porte sur l'encadrement des étudiants par le renforcement des capacités professionnelles et pédagogiques des enseignants pour une meilleure ingénierie et approche pédagogique portée par les nouvelles avancées des outils numériques.

Le quatrième axe porte sur la priorité à accorder à l'aspect pratique des enseignements dispensés. Aussi, les universités doivent-elles repenser leur méthodologie d'enseignement en élargissant leurs réseaux de partenariat avec le monde économique et les territoires en vue de multiplier les opportunités d'accès aux visites de terrain et aux stages pratiques ou même des offres de travail pour leurs étudiants. Des études de cas du Maroc doivent être proposées par des projets concrets, en faisant appel aux professionnels. Dans ce cadre, il parait utile, selon les lauréats enquêtés, d'accorder une importance particulière à l'histoire de l'économie en introduisant une matière qui s'intéresse à l'économie nationale et son histoire. Cette dimension de la formation va donner aux étudiants l'occasion de comprendre l'économie nationale et d'analyser les décisions économiques prises par le pays. Il convient, également, d'inviter des prix Nobel et des sommités mondiales pour animer des séminaires de haut niveau, en assurant une large diffusion au moyen de la technologie des visioconférences.

Le cinquième axe concerne l'adaptation constante de l'Université à son contexte socioéconomique par l'ajout de modules de formation adaptés aux besoins de l'économie nationale et internationale. À ce niveau, les lauréats proposent la création d'un comité scientifique chargé de mettre en place des supports pédagogiques à respecter au niveau national. Ces supports doivent être en conformité avec les standards internationaux. Dans ce cadre, il est tout aussi important d'encourager les échanges d'étudiants à l'international et de donner plus de place à l'économie des territoires.

Le sixième axe est relatif à l'encouragement de l'enseignement des langues étrangères, le renforcement de l'apprentissage de la langue anglaise dans les matières dispensées, la promotion des compétences comportementales ou *Soft skills* et la maîtrise des outils informatiques, notamment les logiciels.

En analysant les propositions des lauréats enquêtés selon l'âge et la nature du diplôme, on relève que les licenciés les plus jeunes ont insisté sur une formation équilibrée entre la théorie et la pratique, tout en développant les compétences comportementales chez les étudiants. Au moment où les licenciés les plus âgés recommandent la spécialisation des étudiants dès la deuxième année académique, afin de leur permettre d'avoir une visibilité sur leur parcours et corollairement sur leur insertion professionnelle.

Pour les lauréats enquêtés titulaires d'un master, les plus jeunes proposent le renforcement des compétences comportementales alors que les plus âgés recommandent le contrôle de l'encadrement et l'organisation permanente de séminaires spécialisés.

Chez les lauréats enquêtés titulaires d'un doctorat, les plus jeunes optent pour le développement du partenariat avec les universités étrangères, alors que les plus âgés proposent la multiplication des cours pratiques, notamment des études de cas sur le Maroc.

En examinant les propositions par université, les lauréats de l'université Chouaib Doukkali d'El Jadida privilégient l'introduction des changements suivants :

- L'enseignement des langues étrangères ;
- La révision des programmes pour les adapter à leur contexte socioéconomique ;
- La réduction du nombre de cours avec un focus sur la spécialité ;
- L'aide des étudiants à trouver des stages ;
- L'amélioration de l'encadrement des mémoires et des thèses ;
- L'octroi de bourses d'études à l'étranger ; et
- La création de plus de masters tout en repensant les modalités d'acceptation des candidats.

Pour l'université Mohammed V de Rabat, les propositions ont concerné les axes suivants :

- Promouvoir les compétences comportementales ou *soft skills* ;
- Accorder la priorité à l'aspect pratique des cours et des travaux dirigés ;
- S'ouvrir sur le monde extérieur ;
- Adapter la formation aux besoins du marché de l'emploi ;
- Développer l'outil informatique, particulièrement l'utilisation des logiciels ;
- Donner plus de place à l'économie des territoires ;
- Renforcer les outils d'orientation et des choix de carrières; et
- Améliorer l'encadrement des mémoires et des thèses.

Au niveau de l'université Hassan II de Casablanca, les changements proposés s'articulent autour des points suivants :

- Ajouter de nouveaux modules concernant le marketing digital et l'analyse des données ;

– Revoir les programmes et mettre à jour le contenu de chaque module ;
– Promouvoir une relation professionnelle entre le professeur et l'étudiant ;
– Impliquer l'étudiant dans les programmes d'enseignement ;
– Opérer un suivi permanent des formations assurées par les professeurs ;
– Promouvoir les aspects pratiques à partir des études de cas sur le Maroc ;
– Faciliter l'accès aux bibliothèques ; et
– Former des analystes financiers.

7. Les changements majeurs à introduire en matière de recherche en sciences économiques

À ce niveau, l'analyse des résultats de l'enquête apporte un éclairage pertinent sur les principaux changements à introduire selon les lauréats enquêtés pour promouvoir la recherche en sciences économiques dans les universités publiques marocaines. Les propositions de changement s'articulent autour de quatre axes majeurs.

Le premier concerne la gouvernance de la recherche à travers :

– L'élaboration d'une véritable stratégie nationale de recherche bien gouvernée ;
– Le développement de l'esprit et de la culture de la recherche scientifique et de l'innovation de manière précoce chez les étudiants ;
– Le renforcement de l'utilisation de la langue anglaise comme outil de recherche ;
– Le développement de la spécialisation des universités par domaines de recherche ;

- L'institution d'un encadrement efficace de la recherche ;
- L'orientation du cycle doctoral au moyen d'une politique de recherche scientifique en fonction des besoins de l'économie et de la société marocaines ;
- La réorganisation du cycle doctoral pour une meilleure efficacité et attractivité des programmes de recherche ;
- Le recadrage des formations obligatoires en doctorat pour gagner en performance ;
- La mobilisation de l'encadrement et des ressources pour garantir la qualité des recherches en doctorat ;
- La création de centres de recherche ainsi que de laboratoires, de clubs et d'associations de chercheurs ; et
- L'évaluation permanente des directeurs de thèse en matière d'encadrement des doctorants.

Le deuxième axe vise la promotion de la recherche par :

- La mise à la disposition des étudiants et des chercheurs de bases de données numériques et de l'information nécessaire à leurs investigations ;
- L'encouragement des doctorants et des professeurs à publier plus d'articles scientifiques dans des revues indexées ;
- L'octroi de récompenses et de prix à l'innovation et à la recherche ;
- La multiplication des bourses de recherche pour tous les niveaux (Licence, Master, Doctorat et post-Doctorat ;
- L'élargissement de l'accès aux sources de données et aux références ;
- La création d'espaces culturels mutualisés pour les étudiants (bibliothèque, espace de coworking) ;

- L'adaptation des centres de recherche et des laboratoires aux nouvelles technologies et aux stratégies de marketing et de communication ;
- L'introduction de modules qui favorisent l'implication des étudiants dans la recherche économique appliquée ;
- La création de laboratoires de recherche permettant aux chercheurs d'être en phase avec les réalités de terrain par le biais de travaux de recherche ciblés, de colloques et d'évènements à caractère scientifique « pratico-pratiques » organisés par et dans les universités ;
- L'élaboration d'un budget de motivation et d'encouragement pour promouvoir les publications scientifiques des chercheurs dès le master ;
- La création de programmes de Coaching/Mentoring scientifiques au profit des chercheurs autour de leurs projets de recherche ;
- L'encouragement des initiatives en matière de valorisation de la recherche, à l'instar du Prix de l'Intelligence économique en Afrique institué par l'Université ouverte de Dakhla et ceux de l'Association marocaine de sciences économiques, et de l'hebdomadaire *L'Économiste* ; et
- L'encouragement du partenariat public-privé pour faire participer les étudiants à la résolution de problèmes que rencontrent les entreprises dans leurs quêtes de développement et de croissance.

Le troisième axe porte sur le financement de la recherche par :

- L'encouragement financier des étudiants chercheurs ;
- L'augmentation des fonds consacrés à la recherche scientifique ;
- La diversification des sources de financement à travers l'établissement de partenariats avec les entreprises, mais également avec les ONG et les universités privées ;

- L'octroi par le ministère de l'Enseignement supérieur aux universités et laboratoires de recherche d'un budget conséquent à l'adresse des encadrants et des étudiants afin de leur permettre de mener leurs missions de recherche dans de meilleures conditions ; et enfin
- Créer un cadre favorisant le financement de la recherche par des donateurs publics et privés.

Le quatrième axe est relatif à la démocratisation de l'accès à l'information scientifique, économique et financière :

- Rendre l'information scientifique accessible en développant des espaces culturels mutualisés pour les étudiants (bibliothèques, espaces de coworking) ;
- La création d'une bibliothèque digitale pour les étudiants ;
- Encourager la pratique des abonnements dans les sites des facultés internationales à la charge de l'université ;
- Offrir aux étudiants l'accès à des plateformes internationales;
- Avoir une bibliothèque universitaire avec des ouvrages accessibles à tous les étudiants chercheurs ;
- Créer au niveau de chaque université des centres de recherche dédiés aux doctorants ;
- Développer les programmes de parrainage des doctorants chercheurs ;
- Instaurer une déontologie de la recherche dans toutes les facultés marocaines permettant d'éviter l'exploitation abusive des doctorants et de leurs recherches par des encadrants peu scrupuleux ;
- Exiger des doctorants de consacrer un temps à l'enseignement et à participer aux conférences et aux stages linguistiques.

En comparant ces propositions selon l'âge et le diplôme, on relève que la grande majorité des lauréats enquêtés a mis l'accent sur la promotion de la culture de la recherche au sein des universités, l'amélioration de l'encadrement et la facilitation de l'accès aux sources de données.

Par université, les lauréats de l'Université Mohammed V de Rabat recommandent ce qui suit :

- L'adoption d'une nouvelle approche de la recherche en mettant l'accent sur les études empiriques ;
- L'accès aux bases de données ;
- L'enseignement et l'utilisation de la langue anglaise dans les travaux de recherche afin d'explorer les espaces de références scientifiques les plus importantes et les plus larges ;
- L'initiation des chercheurs à rédiger des articles depuis le cycle du master dans le cadre des devoirs demandés, en exigeant la publication précoce d'articles dans des revues indexées ;
- La réalisation des conditions d'un encadrement de qualité ;
- L'introduction de séances d'initiation aux méthodes de recherche dès la première année universitaire ;
- Le développement de la culture de la recherche pour la recherche, la connaissance et le savoir ;
- La création d'un environnement favorable à la recherche (laboratoires, axes de recherche, parrainage des chercheurs) ;
- La création de centres de recherche qui rémunèrent les doctorants chercheurs pour leurs recherches ; et
- L'institution de chartes d'éthique de la recherche dans toutes les facultés marocaines.

Quant aux lauréats de l'Université Hassan II de Casablanca, ils proposent principalement de :

– Renforcer le partenariat avec les universités étrangères ;
– Introduire la culture de la recherche auprès des étudiants dès la première année de leur formation ; et
– Faciliter l'accès aux données et aux ouvrages de spécialité.

Il ressort de tout ce qui précède que les acteurs directs de l'écosystème national d'enseignement et de recherche en sciences économiques dans les universités publiques marocaines ont une vision claire, pertinente et tournée vers l'avenir concernant cette problématique cruciale, le but ultime étant la production et la reproduction de nouvelles générations d'économistes d'excellence.

L'évaluation des données relatives à toutes les composantes de cet écosystème et la mise en exergue de leur évolution sur la longue période, cumulées à l'examen des résultats de l'enquête, livrent un diagnostic sans concession qui contribue à mettre à plat les racines des principaux dysfonctionnements et présentent des pistes d'amélioration et d'innovation à la mesure des défis majeurs qu'affronte tout le pays à travers son écosystème d'enseignement et de recherche.

Quels sont ces dysfonctionnements profonds , ces défis majeurs et quelles sont les pistes à même de permettre aux universités publiques marocaines de remplir leurs missions en termes de production des élites scientifiques, de formation des compétences et d'impulsion d'une dynamique d'innovation ? C'est l'objet de la troisième partie de cet ouvrage.

TROISIÈME PARTIE

PRINCIPAUX DYSFONCTIONNEMENTS, DÉFIS MAJEURS ET PISTES POUR L'AVENIR

I
PRINCIPAUX DYSFONCTIONNEMENTS

Les dysfonctionnements que nous allons examiner concernent l'écosystème national d'éducation, de formation et de recherche dans sa globalité. Ces dysfonctionnements représentent le dénominateur commun de toutes les composantes de l'écosystème à tous ses niveaux, du fondamental au supérieur, en passant par le primaire, le collégial et le secondaire.

Les dysfonctionnements de l'enseignement et de la recherche, en général et ceux constatés en sciences économiques, en particulier, trouvent leurs racines profondes dans ce dénominateur commun.

En effet, la crise de l'école marocaine trouve bel et bien ses racines dans les conditions matérielles et historiques où elle a évolué depuis l'indépendance du pays. Beaucoup d'encre a coulé concernant l'identification des causes de cette crise, ses aspects et ses répercussions sur le présent et l'avenir de l'économie et la société marocaines. Outre la question de l'intégrité territoriale de notre pays, s'il y a bien un domaine de la vie sociale, économique et culturelle nationale où il y a une unanimité de tous les acteurs et forces vives sur le diagnostic et la thérapeutique et qui, de surcroît, jouit d'une réelle volonté politique de réforme c'est bien celui de la réforme de l'écosystème d'éducation, de formation et de recherche. Tout ou presque a été dit et expérimenté, mais le problème reste entier. Car les résultats ne sont pas encore au rendez-vous ni en termes de qualité de l'enseignement et de la recherche, ni de la production des élites scientifiques, et encore moins en termes de formation d'une masse critique de compétences ou d'adéquation entre la formation et l'emploi ni en matière d'innovation et de mobilité sociale.

Aussi, les aspects saillants de cette crise demeurent-ils entiers. Ils se matérialisent par un taux d'analphabétisme encore persistant, notamment parmi les filles, et plus particulièrement dans le milieu rural et les quartiers périphériques des grandes agglomérations urbaines, les déperditions scolaires et universitaires, l'enseignement préscolaire qui va à deux vitesses et qui est pédagogiquement dispersé, éclaté et improductif, la répartition très inégale du service public de l'enseignement sur les plans social, territorial et de genre, la faible qualification du capital humain avec lequel travaille l'écosystème, l'inadéquation entre la formation et l'emploi, et son corollaire le chômage des diplômés et la faible contribution du système éducatif et de formation à l'effort national de recherche scientifique et d'innovation.

Tout cela conduit à des difficultés objectives empêchant l'école publique, comme elle le faisait dans les années 60, 70 et même 80, de contribuer à former une expertise nationale sortant de cet écosystème pouvant aider à renforcer la compétitivité des entreprises marocaines et ses territoires pour les hisser au niveau des meilleurs standards internationaux, et à permettre au pays de produire des élites scientifiques, politiques, administratives et civiles d'un niveau d'excellence et d'engagement à la mesure des ambitions, notamment économiques, du Maroc du XXIe siècle.

Quatre dysfonctionnements structurels principaux (il en existe certainement d'autres) semblent être de premier ordre dans l'explication de cet état de fait. Il s'agit de : i) l'état de la qualité de l'instrument humain avec lequel travaille le système national d'éducation, de formation et de recherche à travers tous ses étages ; ii) la nature de la gouvernance des établissements scolaires et universitaires ; iii) le changement radical du rapport au métier de l'enseignement par l'émergence d'une nouvelle génération d'enseignants substituant la nécessité à la vocation ; et iv) la crise des valeurs au sein de tout l'écosystème, de l'école à l'université.

1. Des ressources humaines insuffisamment mises à niveau

Depuis l'indépendance du pays, de nombreuses réformes assorties de stratégies déclinées en programmes d'action ont été lancées pour tenter de répondre aux dysfonctionnements multiples qui marquent l'écosystème national d'éducation, de formation et de recherche scientifique. Ces réformes reflètent l'effort déployé par l'État visant la mise à niveau des ressources humaines de tout l'écosystème.

Dans ce cadre, force est de constater que l'essentiel de cet effort a été centré principalement sur les incitations matérielles, somme toute relatives et encore très insuffisantes au regard de ce que devrait être réellement le statut de l'enseignant dans la société en termes de reconnaissance, de considération et de niveau des salaires. Alors que les aspects liés à la formation et à la modernisation de gestion proprement dite des ressources humaines marquent une régression qui se répercute négativement sur le rendement de l'encadrement pédagogique au sein des écoles, des collèges, des lycées et des universités, et dont la forme d'expression la plus répandue est celle de « la baisse du niveau ».

En effet, l'attention a toujours été et demeure encore portée jusqu'à nos jours sur la révision du statut des enseignants, qui connait un réel blocage, l'augmentation de leur rémunération, qui reste modeste selon toutes les catégories des enseignants, la promotion des œuvres sociales, l'octroi de facilités de crédit pour le logement, la couverture médicale complémentaire, les réductions sur les tarifs de transport, les facilités relatives à l'accès au crédit à la consommation, à l'estivage et l'aide à l'accomplissement du pèlerinage.

Malgré les avancées réalisées à tous ces niveaux, ayant conduit à des « success story » et à la l'impulsion de réels « pôles d'excellence » selon les écoles, les universités et les spécialités à travers toutes les régions du pays, le malaise persiste et la gestion des ressources humaines continue à connaitre des entraves majeures, empêchant l'enclenchement d'une dynamique nationale structurelle durable et sans cesse renouvelée d'amélioration de la qualité de l'éducation, de la formation et de la recherche.

Ces entraves prennent plusieurs formes et touchent tous les aspects de l'acte d'enseigner. En effet, l'écosystème souffre de l'encombrement à la fois dans les classes et les amphithéâtres des universités publiques, la multiplicité des niveaux scolaires au sein de la même salle de classe pour les niveaux primaire et collégial, la carence en moyens pédagogiques et la détérioration des infrastructures de l'école et des établissements universitaires, en raison des moyens humains et matériels très faibles alloués à la maintenance et à la réhabilitation permanente nécessaires de ces services publics nobles. Il convient de relever, également, les problèmes liés aux multiples déficiences relevées en matière de rationalisation de la gestion des ressources humaines, d'accroissement continu des surplus d'élèves et d'étudiants ainsi que les engorgements qui en découlent face au manque lui-même continu et grandissant d'enseignants, à tous les étages de l'écosystème national d'éducation, de formation et de recherche.

Fait marquant à ce niveau, depuis le début des années 90, date de la création du Conseil national de la Jeunesse et de l'Avenir, l'institutionnalisation de l'insertion des diplômés chômeurs dans l'encadrement pédagogique des élèves et des étudiants, qui a connu son apogée entre 1998 et 2011, n'a pas été sans effet sur le plan des profils pédagogiques et des spécialisations des compétences demandées et recrutées. Or, nous savons que cet acte fondateur et salvateur dans le système d'éducation et de formation ne peut se faire sans le passage obligé par les centres de formation pédagogiques et les institutions spécialisées dédiées à ces formations. Ce choix plus politique que pédagogique a contribué énormément, d'une part, à aggraver les contre-performances du corps enseignant, malgré la politique de formation continue développée par le ministère de l'Education nationale, et d'autre part les mesures d'accompagnement prises par le ministère de l'Enseignement supérieur de l'époque concernant les docteurs chômeurs insérés dans la fonction publique. Ces initiatives restent conjoncturelles, insignifiantes et sans commune mesure avec les besoins en professeurs compétents et les enjeux de la crise structurelle profonde de l'écosystème national d'éducation, de formation et de recherche.

À tous ces problèmes s'ajoutent les dysfonctionnements internes suivants :

- L'absence de critères permettant de mesurer les aptitudes pédagogiques et comportementales des futurs nouveaux enseignants, ainsi que leur degré de motivation pour l'exercice du métier d'enseignement ;
- Les difficultés rencontrées par le processus de contractualisation, non encore entièrement résolues, qui constituent une véritable entrave à une meilleure gestion des postes d'emploi et des compétences ;

- La durée insuffisante de la formation qualifiante des enseignants stagiaires au sein des différents centres de formation, et l'absence de spécialisation multidisciplinaire chez la plupart des bénéficiaires de cette formation ; et surtout
- L'absence d'une politique efficace de formation permanente des enseignants, à tous les échelons de l'écosystème national d'éducation, de formation et de recherche, du fondamental au supérieur en passant par le primaire, le collégial et le secondaire, et d'une prise en charge rigoureuse et continue de leurs besoins en cette matière, malgré la prise de conscience actuelle de l'importance de cette dimension de la crise de l'école publique marocaine et les initiatives volontaristes prises ces dernières années par les départements de l'éducation nationale et de l'enseignement supérieur.

Quand on sait le rôle crucial et primordial de l'enseignant et de l'importance stratégique de sa mise à niveau pour la réussite de toute réforme de l'écosystème national, on comprend la nature profonde de la crise que connait l'école publique marocaine, du fondamental au supérieur.

Or, contribuer à résoudre cette crise implique, également, de disposer d'une gouvernance véritablement appropriée de l'ensemble des composantes de cet écosystème. Ce n'est pas encore le cas, malgré les multiples améliorations qui lui ont été apportées et dont nous examinerons, ci-après, les traits majeurs.

2. Une gouvernance inappropriée

L'amélioration de la gestion et du pilotage institutionnel de l'écosystème national d'éducation, de formation et de recherche apparait surtout à travers le double processus de décentralisation et de déconcentration.

Dans ce cadre, des efforts réels ont été accomplis par l'État dans le but de donner une portée régionale à travers des déclinaisons territoriales à cet écosystème. Ces efforts se sont concrétisés par la création des académies régionales d'éducation et de formation, ainsi que par la consécration, somme toute relative, de l'autonomie des universités.

Toutefois, malgré ces acquis, de nombreux dysfonctionnements persistent, notamment la permanence du poids de l'administration centrale, le non-transfert de la mission de gestion des ressources humaines aux académies régionales et aux universités et la non-clarification des prérogatives des délégations provinciales.

Cette situation est à imputer en partie aux compétences de gestion des responsables au plan des structures centrales, compétences qui nécessitent une qualification et un renforcement des aptitudes en matière de gouvernance administrative et financière. De même, beaucoup reste à faire en matière d'amélioration de l'efficacité des organes de gestion (conseils d'administration des académies régionales, conseils de gestion des établissements, conseils d'université et conseils d'établissement).

Sur le plan de la gouvernance et de l'évaluation continue de l'écosystème, on relève, aussi, l'existence de nombreuses défaillances, en lien avec la déficience du système informatique, qui demeure incapable d'accompagner les réformes par un suivi et une évaluation permanents efficaces. Une telle situation contrecarre le rythme de réalisation du processus de mise en œuvre de la carte scolaire et de la carte universitaire, de même que celui de la conception des outils nécessaires à un pilotage institutionnel coordonné de la sphère pédagogique.

Dans cette perspective, la refonte du système de planification s'impose en tant que levier d'exécution de la réforme de toutes les composantes de l'écosystème. Cette refonte doit s'inscrire dans une logique ascendante, dans le cadre de la préparation de la carte scolaire et de la carte universitaire. Elle doit s'appuyer sur des procédures claires et unifiées qui définissent le rôle de chacun des intervenants et la démarche à adopter par chaque échelon de la hiérarchie administrative et pédagogique. Une telle approche doit conférer une autonomie réelle et effective aux intervenants, qui restent chaque année suspendue à la note d'organisation et aux circulaires d'orientation décidées encore au niveau central.

Quant au défi pour les universités, c'est, entre autres, mais principalement, celui qui consiste à maîtriser leur capacité d'accueil, en l'absence d'un système efficace d'orientation en amont pour les bacheliers.

Cette gouvernance inappropriée impacte négativement la qualité de l'enseignement et de l'orientation scolaire et universitaire, induisant d'importants taux de déperdition et une inadéquation entre l'enseignement et son environnement social et économique.

Il découle de cet état de fait le très mauvais classement du pays dans les tests internationaux, qui illustre la situation insatisfaisante dans laquelle l'écosystème national d'éducation, de formation et de recherche se trouve actuellement.

Une deuxième problématique liée à la gouvernance a trait au pilotage institutionnel de l'écosystème, qui se déroule en l'absence de toute articulation et interaction entre ses différentes composantes.

Dans ce même cadre, parmi les dysfonctionnements relevés au niveau de la réforme de l'enseignement supérieur, on peut mentionner les difficultés de la coordination entre les composantes universitaires et non universitaires, comme entre les différents acteurs et intervenants du système universitaire. Or, en l'absence de cette coordination, ce système reste incapable d'assurer une gestion unifiée, pertinente et rationnelle des ressources, tant humaines que matérielles et encore moins pédagogique. Il ne pourra pas non plus réaliser, d'une part, la nécessaire adéquation entre l'enseignement et la formation, et d'autre part, les besoins de l'économie et de la société.

Enfin, le troisième dysfonctionnement constaté au niveau de la gouvernance est celui de l'absence d'une vision intégrée de la mise en œuvre de la politique publique d'éducation, de formation et de recherche. Or, on sait combien l'influence des facteurs extérieurs sur la rétention des élèves et des étudiants au sein de l'école et de l'université, de même que sur la qualité de l'enseignement est décisive dans la réalisation des performances globales de l'enseignement supérieur.

Aussi, toute approche sectorielle en matière de mise en œuvre des recommandations formulées par les réformes en cours et futures de l'écosystème restera-t-elle partielle et limitée et nécessairement contre-productive si ces dysfonctionnements sur le plan de la gouvernance ne sont pas circonscrits.

3. Primauté de la vocation sur la nécessité

Comme nous l'avons mentionné précédemment, le corps enseignant occupe une place très importante dans l'accomplissement de l'édifice pédagogique à tous les niveaux de l'écosystème national d'éducation, de formation et de recherche. Car, et nous l'avons également montré, c'est à l'enseignant que revient la tâche de former les nouvelles générations d'élites scientifiques et de former les futures compétences du préscolaire jusqu'au supérieur. L'enseignant est donc sans conteste l'acteur principal et la clé dans la réussite de toute réforme ou politique pédagogique.

Or, enseigner est une mission complexe. Car elle intègre de nombreuses dimensions liées à l'environnement professionnel au sein duquel la formation s'exerce. Cette mission exige, en effet, des compétences de spécialisation, c'est-à-dire des connaissances avérées, des compétences didactiques, en particulier des méthodes d'enseignement et des techniques pédagogiques appropriées, de même que des compétences relationnelles et de communication avec les élèves, les étudiants, les collègues, les parents d'élèves et les autres acteurs qui travaillent avec les différents échelons de l'écosystème.

Dès lors, ces compétences à géométrie variable doivent être développées tout au long du parcours professionnel de l'enseignant du fondamental au supérieur. Ainsi, une attention continue et sans cesse renouvelée doit être accordée à ses conditions de travail afin de lui permettre de s'acquitter convenablement de sa mission.

Par ailleurs, il est reconnu que pendant l'exercice de son métier, les compétences de tous les enseignants sont mises à l'épreuve, tant devant les élèves et les étudiants que face aux autres acteurs de l'écosystème, auxquelles les enseignants doivent nécessairement s'intégrer et être à l'écoute, ou encore devant l'environnement dans lequel ils ont à assumer un rôle primordial d'interface et de passerelle.

Aussi, l'enseignant est-il tenu de s'acquitter de trois tâches essentielles :

- Prendre part à l'éducation des apprenants sur la base d'un système de valeurs sociales, éthiques et humaines partagées par toutes les composantes de la collectivité nationale ;
- Assurer le transfert des savoirs, des savoir-faire et des savoir-être selon des méthodologies et des contenus validés par les instances nationales spécialisées dédiées ; et

– Préparer l'élève ou l'étudiant à l'insertion dans la vie active et sociale en lui permettant d'acquérir les connaissances et les compétences pouvant contribuer à son épanouissement et à l'éclosion et la libération de ses énergies créatrices.

Partant de ces considérations et ces préalables, l'engagement dans le métier de l'enseignement requiert à la fois une vocation et des prédispositions psychologiques bien définies, comme il doit être porté par un choix consciemment et sciemment assumé. C'est pourquoi l'enseignant doit nécessairement suivre une solide formation initiale, selon le contexte éducatif et les résultats de l'évaluation pédagogique consacrée.

Malheureusement, à tous ces niveaux, force est de noter que, compte tenu des départs massifs à la retraite et des besoins présents et futurs du pays en enseignants, toutes disciplines confondues, l'étude de l'évolution de l'encadrement de l'écosystème national d'éducation, de formation et de recherche permet de constater des dysfonctionnements rencontrés par le corps enseignant lors de l'exercice de leurs missions d'enseignement et de recherche.

Ces dysfonctionnements sont liés aux conditions de travail, notamment en milieu rural, à l'abandon scolaire, au décrochage des étudiants des universités et à la crise de valeurs qui continue de ronger l'école publique marocaine.

Dans ce cadre, et eu égard à la situation du marché national de l'emploi, marquée par de forts taux de chômage dans les rangs des diplômés, nous constatons depuis plus d'une dizaine d'années que de nombreux lauréats de l'enseignement supérieur s'engagent dans le métier d'enseignant plus par besoin et nécessité que par vocation.

Or, ce changement qualitatif notoire de la nature du capital humain qui intègre désormais le système national d'éducation, de formation et de recherche, du fondamental au supérieur, n'est pas sans effet sur le rendement comme sur la qualité de l'enseignement. Car, même s'il y a des exceptions, une frange importante des lauréats sortants des universités publiques ne choisit plus aujourd'hui le métier de l'enseignement par vocation ou parce qu'ils sont gagnés par la noblesse et l'attrait du métier, mais tout simplement parce qu'ils ont besoin d'un travail stable et rémunéré, qui leur assure un revenu régulier et qui leur permet de subvenir aux nécessités et aux aléas de la vie. De fait, on intègre de plus en plus l'enseignement plus par nécessité que par vocation. Bien plus, comme nous l'avons noté auparavant, nous constatons au fil des années que le métier d'enseignant, même par nécessité, est de moins en moins attractif pour les lauréats qui sortent des universités publiques, et ce au vu du déficit de reconnaissance, de considération et du niveau modeste des rémunérations sans rapport avec ce que devrait être le véritable statut de l'enseignant dans la société marocaine du XXIe siècle.

Aussi, quelques importantes que puissent être les ressources financières allouées au secteur de l'éducation et de la formation, et quel que soit le nombre de postes d'emploi qui lui sont réservés, les efforts consentis par la collectivité nationale resteront très faiblement rentables, si l'instrument humain avec lequel travaille l'écosystème national n'est pas porté par un corps enseignant en phase avec les vraies missions engagées et nobles de l'école.

Il est alors logique que le changement radical intervenu dans le fonctionnement de l'école publique marocaine, depuis la décennie 90, affecte la qualité du capital humain du fait qu'à la vocation d'enseigner s'est substituée la pure nécessité d'occuper un poste d'enseignant procurant une simple subsistance.

De ce fait, il n'est pas surprenant de constater que ce dysfonctionnement se trouve au cœur de la crise des valeurs que connait l'école publique marocaine d'aujourd'hui.

4. Des valeurs en crise au sein de l'école et de l'université

Il n'existe pas dans l'absolu des valeurs purement personnelles. Car, les valeurs ont toujours un caractère collectif et sociétal. La crise des valeurs en liaison avec celle de l'école publique au Maroc se manifeste, elle, à travers les traits de comportement que l'on constate chez les jeunes apprenants au regard du référentiel général qui oriente leurs pratiques sociales quotidiennes.

Le bouleversement du système des valeurs à cette échelle est perceptible au niveau de la cellule familiale. Les dysfonctionnements à cette échelle sont vécus actuellement sur le plan de la déstabilisation de l'autorité parentale et, son corollaire, la dislocation progressive de toute la chaîne de valeurs qui lient les membres de la cellule familiale et avec elle les comportements qu'elle, véhicule, entretient et reproduit.

Dans ce contexte, l'éducation des jeunes générations s'en trouve nécessairement affectée. Les impacts divers de cette crise des valeurs représentent un véritable frein au développement du capital humain, avec son prolongement à l'intérieur de l'école.

En dehors de la cellule familiale, la crise est plus tangible dans le champ social. Cela se constate à travers l'émergence et le développement de nouvelles générations de violences et l'apparition de comportements non citoyens et non civiques dans la sphère publique. Cela crée un malaise au niveau des relations sociales à l'intérieur comme à l'extérieur de l'école. Cette situation se répercute négativement sur toutes les composantes du système national d'éducation, de formation et de recherche, avec comme résultante, très préjudiciable pour le renforcement des liens sociaux au sein de l'école et de l'université, la crise du vivre ensemble dans ces enceintes censées en être les promoteurs.

L'école assume à ce niveau un rôle primordial dans la préservation des valeurs morales et sociales. Car, elle n'est pas seulement un lieu d'apprentissage, elle est aussi un espace privilégié d'éducation.

La mission de l'école est essentielle dans l'enracinement auprès des élèves et des étudiants des valeurs de patriotisme et de citoyenneté (civisme, respect des enseignants et du corps administratif, non-violence, protection des droits humains fondamentaux, défense des intérêts supérieurs de la Nation, etc.). La mission de l'école est également essentielle dans la promotion de l'initiative créatrice des jeunes, de l'excellence, de la recherche et de l'innovation, ainsi que dans le développement d'activités artistiques et d'émancipation, dans l'intégration des technologies digitalisées en matière d'apprentissage, dans la mobilisation et la communication intérieure et extérieure des structures de formation. On comprend alors combien cette crise des valeurs affecte pour la performance et le devenir de l'écosystème national d'éducation , de formation et de recherche.

Or, toutes les missions de l'école publique liées aux disciplines et activités d'émancipation des jeunes n'occupent plus la place qui devrait leur revenir dans le temps scolaire et universitaire. Or, il est du devoir de l'école et de l'université d'assurer à l'élève et à l'étudiant un cadre adéquat pour l'apprentissage, et de lui permettre d'intérioriser et de s'approprier les valeurs de patriotisme et de citoyenneté.

D'autre part, et en dépit de l'existence de véritables exceptions, le fait de ne pas donner une portée nationale à l'acte d'enseigner au sein des établissements scolaires et universitaires par une partie du corps enseignant, de même que le déficit de prise de conscience de la responsabilité nationale collective dans la formation des nouvelles générations de scientifiques et de cadres administratifs, empêchent l'école, le collège, le lycée et l'université d'être au quotidien les acteurs principaux de la production des élites et la formation des compétences nationales.

Or, force est de constater que ces deux valeurs, le patriotisme et la citoyenneté, étaient à l'origine de la place toute particulière que l'école publique marocaine occupait chez les enseignants des années 50, 60, 70, jusqu'aux années 80.

La perte progressive de ces valeurs, au niveau des différentes composantes de l'écosystème national d'éducation, de formation et de recherche, a grandement contribué à l'aggravation de la crise actuelle que connaît l'école publique marocaine. C'est ce phénomène qui a contribué, en grande partie, à réduire sa performance et a fait qu'elle n'est plus, ni socialement, ni politiquement, ni en termes d'innovation un espace de production des élites et de formation de compétences et de cadres intègres et engagés pour le développement du pays, hormis quelques exceptions.

Il découle de tout ce qui précède, qu'une bonne formation des économistes de demain présuppose quatre conditions essentielles : i) l'existence d'enseignants compétents ; ii) d'enseignants qui font leur métier par vocation et non par nécessité ; iii) d'enseignants qui donnent une portée nationale civique à leur acte de formation et de recherche en se sentant, dans les faits et au quotidien, engagés et responsables éthiquement et politiquement, au sens noble de la politique, par rapport à la destinée des élèves et des étudiants qu'ils forment et encadrent au sein de nos écoles, nos collèges, nos lycées et nos universités ; et enfin vi) des enseignants qui contribuent à l'effort national de recherche scientifique, technologique et d'innovation, en tant qu'acteurs et vecteurs de la réalisation de la souveraineté, du progrès et de la prospérité de la Nation.

C'est ce capital humain engagé et de qualité qui pourra aider l'écosystème national d'éducation, de formation et de recherche à relever les défis majeurs du présent et de l'avenir.

II
DÉFIS MAJEURS

Les défis qu'affronte l'écosystème national d'enseignement et de recherche en sciences économiques dans les universités publiques marocaines ont trait à plusieurs composantes de cet écosystème. Parmi ces défis, cinq paraissent majeurs :

- La crise de production et de reproduction d'économistes d'excellence ;
- La nature éclatée de l'enseignement et de la recherche en sciences économiques ;
- Des chercheurs « isolés » et des recherches déconnectées des réalités de l'économie, de la société et des territoires ;
- Un appui à la recherche très faible et un financement de l'éducation important, mais non rentable ; et enfin
- L'absence d'un système national global et intégré d'information porté par un pilotage institutionnel unifié.

1. La crise profonde de production et de re-production d'économistes d'excellence

Le premier défi, certainement le plus crucial, réside dans le fait avéré que le Maroc connait actuellement une grave crise de production et de reproduction par l'université publique marocaine d'économistes d'un niveau d'excellence à la mesure des exigences de la formation en sciences économiques dans le monde du XXIe siècle, et en conformité avec les besoins en compétences des chantiers économiques structurants lancés par le pays depuis plus de 20 ans et corrélativement en phase avec les grandes priorités de la feuille de route économique inscrite dans le cadre du Nouveau Modèle de Développement élaboré en 2021.

Certes, il y a dans chaque université des « ilots d'excellence » portés par un vivier rare d'économistes, exerçant leur métier par vocation, donnant une portée civique nationale à leurs missions, et engagés réellement dans l'accomplissement du service public d'enseignement et de recherche. Mais, ces « ilots d'excellence » sont constitués pour une partie d'enseignants-chercheurs appartenant à ce qui reste des générations des années 70 et 80, et une autre partie comprenant ceux des années 90 et 2000, dont la grande majorité est de plus en plus attirée, voire absorbée par les vacations dans d'autres établissements d'enseignement supérieur, notamment privés, et par la consultation externe dans les bureaux d'études nationaux et étrangers, et/ou dans les organismes nationaux, régionaux et internationaux.

L'existence de ces ilots d'excellence cache, en fait, les difficultés objectives des universités publiques nationales à produire une masse critique d'économistes de renom garantissant une relève optimale durable en matière d'enseignement et de recherche de qualité en sciences économiques, qui répondent aux standards internationaux.

Cette réalité, devenue structurelle, est due, outre à la disparition progressive mais certaine des vocations, au fait que l'enseignement et la recherche dans les universités publiques ne jouissent d'aucune attractivité, ni sociétale, ni matérielle, en raison de la dévalorisation du statut de l'enseignant dans la société, de l'absence de considération de son rôle dans la collectivité, du déficit de reconnaissance par les pairs et des perspectives très limitées qu'offre aujourd'hui l'enseignement en termes de mobilité sociale. Les déviances que connait actuellement l'université marocaine, même si elles sont l'œuvre d'une infime minorité d'enseignants, tout en témoignant de la gravité de cette crise, auront un impact réel sur la place et le rôle futur des enseignants-chercheurs des universités dans la société.

Dès lors, hormis le cas de ce que nous avons appelé les « îlots d'excellence », somme toute « en phase d'extinction » pour cause de départs massifs à la retraite, des économistes marocains, y compris des économistes qui ont été formés à l'étranger et de ceux faisant partie des Marocains du Monde, cette crise de production et de reproduction endogène d'économistes formés dans et par les universités publiques nationales se ressent, comme nous l'avons montré et démontré auparavant, sur la quantité et la qualité de la production d'ouvrages de référence en économie par les nouvelles générations d'économistes. Elle a un impact, aussi, sur l'employabilité des licenciés, des titulaires de master et de doctorats en sciences économiques, hormis quelques rares exceptions qui finissent soit par abandonner la recherche, soit à s'adonner à des activités lucratives en dehors de leurs universités d'attache pour remédier à la dégradation de leurs conditions de vie, soit, tout simplement, quittent le pays à la recherche de perspectives meilleures.

2. La nature éclatée de l'enseignement et de la recherche en sciences économiques

L'enseignement des sciences économiques dans les universités publiques marocaines offre, en effet, l'image d'un enseignement à géométrie variable, éclatée, dispersé et non coordonné où chaque enseignant-chercheur exerçant au sein de chaque licence, master, laboratoire, groupe de recherche et faculté d'économie, forme à sa guise et selon sa propre formation initiale. Tout se passe comme si chaque enseignant exerçait son métier selon des visions, des contenus, et des approches pédagogiques qu'il a hérités de ses paires, qu'ils appartiennent à des universités nationales ou étrangères.

De ce fait, et comme signalé auparavant, chaque enseignant fait ce qu'il veut et ce qu'il peut en dehors de tout référentiel partagé et mutuellement accepté par l'ensemble des composantes de l'écosystème de formation des économistes.

Aussi, quels que soient les filières, les spécialisations et les niveaux, de la première année au doctorat, chaque enseignant choisit la matière qu'il veut enseigner, sinon c'est le département qui lui affecte des matières à assurer. Une fois cette étape franchie, l'enseignant donne le contenu et utilise la pédagogie qu'il veut dans son cours, et ce en dehors de tout référentiel reconnu par la communauté des économistes et sans aucun contrôle institutionnellement organisé pour évaluer la concordance du contenu des cours avec le référentiel et la qualité de l'enseignement prodigué. À ces deux derniers niveaux, dans les établissements universitaires de renom, où les relations entre leur management et les professeurs sont contractualisées, ce sont les étudiants qui évaluent à la fin de chaque année académique aussi bien les enseignements reçus que les enseignants. Et c'est à partir des résultats de cette évaluation que les professeurs contractuels concernés par l'évaluation sont reconduits ou pas pour l'année universitaire suivante.

Les réalités syndicales et l'absence d'une démarche partagée par la communauté des économistes sur la base de la mise en perspective coordonnée de ce que devrait être un modèle idéal type de formation des économistes dans les universités publiques marocaines font que nous demeurons très loin au Maroc de cette pratique saine, transparente, utile et objective.

L'absence d'un pilotage institutionnel unifié de cette dimension cruciale de la formation des économistes empêche l'élaboration d'une réflexion collective concertée par l'ensemble du corps enseignant de la problématique de l'enseignement et de la recherche en sciences économiques.

C'est pour ces raisons que cet enseignement n'est ni homogène ni producteur de performances en matière de renforcement des capacités des étudiants en termes d'accumulation des connaissances, d'esprit d'initiative, de regard critique sur ce qu'ils apprennent et d'innovation en matière de recherches fondamentales et appliquées.

3. Des chercheurs « isolés » et des recherches déconnectées des réalités de l'économie, de la société et des territoires

La recherche en sciences économiques offre l'image d'un système éclaté, porté par une multitude d'acteurs et d'intervenants avec comme conséquence un déficit de convergence, de cohérence, de mutualisation des ressources humaines et matérielles et de coordination.

Cette réalité est due à son tour à l'absence d'un pilotage institutionnel unifié de l'ensemble des programmes de recherche en sciences économiques. Ce faisant, et tout en reconnaissant les efforts consentis par le CNRST et les CEDOC, il n'y a pas véritablement un écosystème national de recherche en économie, mais des chercheurs isolés et des groupes de recherche, dispersés sans lien fonctionnel structuré, ni communication, ni coordination nationale institutionnalisée horizontale et verticale entre eux.

À ce phénomène s'ajoute un encadrement des doctorants déficient, n'obéissant ni à des règles mutuellement consenties et communément admises, ni à des méthodologies et des procédures de suivi et d'évaluation, si ce n'est celles que fixe l'enseignant-encadrant seul, en dehors de tout référentiel pouvant servir de base à un système de contrôle objectif de l'encadrement des recherches menées par les étudiants en licence, master et doctorat.

De plus, hormis quelques cas, les recherches menées demeurent dans leur grande majorité soit déconnectées des réalités de l'économie, de la société et des territoires, soit enfermées dans un univers académique marqué de plus en plus par un usage excessif soit de l'académisme pur, soit d'une modélisation économétrique abstraite. Cette dernière tendance, qui semble se développer depuis les 10 dernières années dans plusieurs facultés des sciences juridiques, économiques et sociales du Maroc, force les réalités de terrain et emprisonne les étudiants, notamment lors de la préparation des mémoires et des thèses, aggravant ainsi davantage la déconnexion de l'enseignement et de la recherche en économie par rapport aux réalités de l'économie, de la société et des territoires.

Tout ce processus se passe dans un contexte de financement non rentable bien qu'important du système éducatif et de faiblesse des moyens alloués à la recherche en général et celle consacrée aux sciences économiques en particulier.

4. Un appui à la recherche très faible et un financement de l'éducation important, mais non rentable

Les moyens alloués par l'État au financement de l'écosystème national d'éducation et de formation sont considérables. En effet, pour ne parler que de la période récente, celle couvrant les années allant de 2001 à 2022, le budget de l'éducation nationale a été multiplié par 3,3, passant de 19,6 à 64,5 milliards de dirhams. Comparé à l'évolution du budget général de l'État, on note que le rythme d'accroissement est quasi similaire, puisque ce dernier a été multiplié par 3,4 au cours de la même période, passant de 96,6 à 329,5 milliards de dirhams.

Concernant la part consacrée à l'éducation dans le PIB du pays, on note la même tendance haussière avec un taux de 4,9% en 2013, de 5,1% en 2001 et de 5,4% en 2022.

Tableau 28- Évolution du budget alloué au secteur de l'éducation et de la formation (en milliers de dirhams)

Secteur	2001	2008	2013	2022
Département de l'éducation (1)	19.589.227	37.955.341	42.677.703	64.524.449
État (2)	96.574.155	160.365.598	258.165.000	329.520.333
PIB (3)	383.184.500	688.843.000	875.142.000	1.184.930.
(1)/(2) en pourcentage	20,3	19,8	16,5	19,6
(3)/(1) en pourcentage	5,1	4,6	4,9	5,4

Source : Bulletins officiels, Ministère de l'économie et des finances et Haut-Commissariat au Plan

Au niveau de l'enseignement supérieur, et toutes proportions gardées, on note pratiquement une tendance identique à celle observée pour le secteur de l'éducation. En effet, la part de ce secteur dans le budget général de l'État est passée de 3,7 % en 2013 à 4,3 % en 2022. Quant au budget alloué aux programmes de recherche, son volume a été multiplié par 4,9 entre 2001 et 2022. Cette part demeure néanmoins très faible puisque son poids dans le budget alloué au secteur de l'enseignement supérieur ne représente que 1,7 % en 2022 et 0,7 % seulement du budget général de l'État durant la même année, comme l'attestent les données qui suivent.

Tableau 29- Évolution du budget du secteur de l'enseignement supérieur et de la recherche scientifique – en milliers de dirhams –

Secteur	2001	2008	2013	2022
Budget alloué par la loi de finances à l'enseignement supérieur (1)	4 186 392	6 216 123	9 660 268	14 127 774
Budget général de l'État (2) (*)	96 574 155	160 365 598	258 165 198	329 520 333
Programme Recherche (3)	48 900	139 441	139 231	237 724
(1)/(2) en pourcentage	4,3	3,9	3,7	4,3
(3)/(1) en pourcentage	1,2	2,2	1,4	1,7
(3)/(2) en pourcentage	0,05	0,09	0,05	0,07
(*) Données des Bulletins officiels	**B.O n° 4861 Bis**	**B.O n° 5591**	**B.O n°6113 Bis**	**B.O n° 7049 Bis**

Un autre indicateur important, c'est celui de la part du budget de l'enseignement supérieur universitaire par rapport au PIB, qui tourne autour d'une moyenne de 1%.

Tableau 30- Part du budget de l'enseignement supérieur universitaire dans le PIB en prix courant

2001	2013	2016
0,98 %	1,08%	0,97

Source : CSEFRS-Instance nationale d'évaluation, 2018 , L'enseignement supérieur au Maroc, efficacité, efficience et défis du système universitaire à accès ouvert, Rapport sectoriel, p.53.

Cependant, malgré l'effort financier public important consacré à l'éducation, les performances de l'écosystème sont encore très faibles. Ainsi, pour le secteur de l'éducation nationale l'effectif des abandons demeure encore très élevé. En effet, à la fin de l'année scolaire 2020-21, 331.558 élèves ont abandonné le système scolaire, dont 42 % sont de sexe féminin. Quant au classement du Maroc à l'échelle des pays arabes selon le pourcentage des personnes qui savent lire et écrire par rapport à la population totale des plus de 15 ans, la situation est encore plus préoccupante comme l'indiquent les dernières données disponibles.

Tableau 31- Classement des pays arabes selon le pourcentage des personnes qui savent lire et écrire par rapport à la population totale des plus de 15 ans

Pays	**Personnes alphabétisées en pourcentage**
Qatar	96,3
Palestine	95,6
Bahreïn	94,6
Jordanie	93,4
Koweït	93,3
Libye	89,2
Arabie Saoudite	86,6
Liban	87,4
Oman	81,4
Syrie	79,6
Irak	78,2
Émirats arabes unis	77,9

Iles Comores	74,9
Tunisie	74,3
Algérie	72,6
Égypte	72
Soudan	71
Yémen	63,9
Mauritanie	58
Maroc	56,1
Somalie	37,8

Source : UNESCO, Institut des statistiques, Paris 2023

Concernant l'enseignement supérieur, si plus de 50 % des étudiants inscrits dans les universités publiques à accès ouvert n'achèvent pas leur cursus universitaire, c'est-à-dire qu'ils quittent les bancs de l'université sans décrocher un diplôme, seuls 5 % des étudiants arrivent au niveau du cycle doctoral.

Tableau 32- Efficacité interne du système, tous niveaux confondus

Sexe	Taux moyen de redoublement (en %)			
	2014/15	2016/17	2019/20	2020/21
Garçons	16,6	19,3	15,4	9,8
Filles	9,9	11,4	8,7	5,1
Total	13,4	15,6	12,2	7,5
	Taux moyen d'abandon (en %)			
Garçons	6,9	5,2	5,6	5,9
Filles	7,0	4,3	4,2	4,6
Total	7,0	4,8	5,0	5,3

	Effectif des abandons			
Garçons	214775	160009	180364	192561
Filles	192873	119167	124181	138997
Total	407648	279176	304545	331558

Source : Indicateurs de l'éducation, Département de l'Éducation nationale

Ces contre-performances expliquent en très grande partie la place de l'école publique marocaine dans les tests et classements internationaux. Ainsi, dans le dernier test du Programme international pour le suivi des acquis des élèves (PISA) organisé par l'OCDE en 2019, le Maroc a été classé 75e sur 79 pays, au moment où Singapour, Macao et Hong Kong sont classés premiers, les Philippines fermant la marche au 79e rang.

Concernant l'enseignement supérieur public, la faiblesse des moyens consacrés aux universités, notamment à recherche, cette situation expliquerait i) pourquoi le Maroc ne disposerait en 2023 que de 1708 chercheurs pour un million d'habitants (Communication du ministre de l'Enseignement supérieur, de la Recherche scientifique et de l'Innovation à la Chambre des Conseillers, avril 2023), ii) pourquoi sa part dans la production mondiale des publications scientifiques est inférieure à 0,20%, iii) pourquoi le nombre d'articles scientifiques publiés dans les revues internationales indexées sur la base de données « Web of Science » est d'environ 48 par million d'habitants(ISESCO,2014) et le nombre de brevets d'invention par million d'habitants, bien qu'en progression, reste faible, passant selon les données de l'OMPIC de 152 en 2010 et 353 à 2014.

Aussi, ne faut-t-il pas s'étonner si, selon le classement « Shangai », les universités publiques marocaines sont encore absentes au titre de l'année 2023 de la liste des 1000 meilleures universités du monde.

Au-delà de ces contre-performances de l'enseignement supérieur public, il y a lieu de relever que la recherche scientifique et technologique est l'œuvre principalement de l'État pour une part d'environ 73% contre 22 % pour le secteur privé, 1% pour le partenariat public-privé, 1% pour le partenariat public-public et 3% pour la coopération internationale. Cette réalité est loin d'être compensée par la contribution des Marocains du Monde. Force est de constater que le potentiel important et le gisement incommensurable que constituent les chercheurs, les scientifiques et les inventeurs marocains résidant à l'étranger n'ont pas pu remédier aux multiples dysfonctionnements et déficits qui caractérisent la situation de la recherche dans notre pays. En effet, le programme FINCOM, Forum international des compétences marocaines résidant à l'étranger, dédié spécialement à la contribution de la diaspora marocaine à la recherche et à l'innovation nationales, et sur lequel le pays a fondé de grands espoirs, n'a pas donné les résultats escomptés comme le révèlent, à titre d'illustration, les données qui suivent.

Tableau 33- État du programme FINCOM entre 2010 et 2014

Année	Type d'action	Réalisée
2010	Expertises	58
	Rencontres	5
	Projets	1
	Entrepreneuriat	5
2011	Expertises	56
	Rencontres	6
	Projets	0
	Entrepreneuriat	0

2012	Expertises	52
	Rencontres	1
	Projets	1
	Entrepreneuriat	0
2013	Expertises	47
	Rencontres	4
	Projets	
	Entrepreneuriat	0
2014	Expertises	30
	Rencontres	0
	Projets	1
	Entrepreneuriat	1
Total		268

Sources : MESRSFC , 2015

À un autre niveau, quand les financements existent, ils sont souvent l'objet de procédures complexes rendant très difficile à la fois leur obtention dans des délais raisonnables, leur engagement effectif en temps réel et leur dépense avec la flexibilité et la souplesse qu'exigent les vicissitudes de la recherche universitaire. Ce faisant, la complexité de ces procédures décourage tout simplement et le plus souvent les chercheurs nationaux à en faire même les demandes, causant ainsi des manques à gagner pour les universités, les entreprises et par extension pour l'économie et la société.

Par ailleurs, les thèmes de recherche abordés par les chercheurs marocains rentrant dans le cadre de financements assurés par la coopération internationale abordent le plus souvent des problématiques qui intéressent avant tout les bailleurs de fonds et sont par conséquent sans impact ou ont un effet faible sur les entreprises et les territoires concernés. Avec un risque réel en termes de sécurité nationale du fait de l'usage des résultats des recherches menées par les scientifiques marocains dans le cadre du renseignement économique et de l'espionnage technologique.

À tout cela s'ajoute le cloisonnement de la recherche appliquée et de l'innovation entre les secteurs public et privé que matérialise sinon l'absence, du moins l'insuffisance des passerelles entre les deux secteurs.

5. L'absence d'un système national global et intégré d'information porté par un pilotage institutionnel unifié

Pour élaborer un diagnostic pertinent de la situation de l'enseignement et de la recherche en sciences économiques, il faut pouvoir disposer d'informations. À ce niveau, le déficit des données agrégées est patent. Car, le ministère de l'Enseignement supérieur, la Recherche scientifique et l'Innovation ne dispose pas encore d'un système global intégré d'information portée par un pilotage institutionnel unifié permettant la connaissance précise, le suivi, l'évaluation et le contrôle permanent de l'état et de l'évolution des indicateurs de l'enseignement et de la recherche en sciences économiques dans les universités publiques nationales. L'information de niveau « macroéconomique » existe certes, mais elle demeure éclatée, dispersée, éparpillée entre plusieurs intervenants et services, non agrégée et non actualisée régulièrement.

Comme nous l'avons déjà indiqué, si nous avons pu reconstituer une partie des données disparates pour la réalisation de cet ouvrage, c'est grâce au concours de la Direction de l'enseignement supérieur, de l'Instance nationale d'évaluation du système d'éducation, de formation et de recherche scientifique auprès du Conseil supérieur de l'éducation, de la formation et de la recherche scientifique, de l'Agence nationale d'évaluation et d'assurance qualité de l'enseignement supérieur et la recherche scientifique, du Centre national de la recherche scientifique et technique (CNRST), de la Bibliothèque nationale du Royaume et de la Bibliothèque Roi Abdul-Aziz Al Saoud.

À ce niveau, force est de constater que beaucoup reste à faire pour pouvoir disposer d'un système national d'information dédié à des préoccupations ciblées de l'évaluation de l'enseignement et de la recherche en sciences humaines et sociales en général et en sciences économiques en particulier. L'enjeu induit par l'existence de ce système d'information pour une meilleure conduite du changement dans le secteur est tel que le Département de l'enseignement supérieur doit en faire une de ses priorités permanentes.

À une autre échelle, la culture dominante au sein de l'université et du monde économique est marquée par l'absence chez les enseignants-chercheurs, les étudiants et les entreprises d'une tradition rendant possible la réponse aux questionnaires issus des enquêtes de terrain menées par les chercheurs. Cette réalité ne facilite pas non plus la tâche de ces chercheurs en matière de collecte de l'information.

À titre anecdotique, et pour illustrer l'absurdité de cette réalité à cette échelle, lorsque j'ai démarré cette étude, hormis quelques rares exceptions, même certains de mes collègues, de mes étudiants, de mes amis présidents d'universités, doyens de facultés et entrepreneurs ne se sont que difficilement prêtés à cet exercice en répondant, à marche forcée, à mon questionnaire et pas toujours de façon généreuse.

À cet égard, il ne faut pas s'étonner que la Centrale des bilans de Bank Al Maghreb ait du mal à réunir de l'information nécessaire auprès de la CGEM pour suivre l'état des richesses produites par les entreprises du secteur formel immatriculées auprès de la CNSS, et que les directions régionales du Haut-Commissariat au Plan doivent, quant à elles recourir à l'intervention des Chioukhs et au concours des Moqaddems pour réaliser leurs missions d'enquêtes et les opérations de recensement.

Il découle de tout ce qui précède que les chantiers de la formation et de la recherche en sciences économiques sont immenses ; leurs enjeux sont nombreux et les défis qu'ils impulsent sont complexes à maîtriser et à réguler.

Par conséquent, il s'avère indispensable de changer radicalement de démarche pour les aborder, comme il est nécessaire d'explorer des axes d'amélioration en identifiant des pistes appropriées pour l'avenir.

III
PISTES POUR L'AVENIR

L'évaluation de l'état de l'enseignement et de la recherche en sciences économiques dans les universités publiques marocaines à partir de l'examen des principaux dysfonctionnements qu'il connait et de la mise en exergue des défis majeurs qu'il affronte permet d'identifier plusieurs pistes pour l'avenir pouvant contribuer à servir de leviers aux améliorations nécessaires des performances globales de l'écosystème national d'éducation, de formation, de recherche et d'innovation dans son ensemble.

Parmi ces pistes six paraissent essentielles :

- Mettre à niveau, mobiliser et inciter les enseignants du fondamental au supérieur ;
- Repenser les missions de l'école ;
- Revoir l'approche de l'encouragement de la recherche ;
- Impliquer davantage le monde économique et ancrer l'enseignement et la recherche dans les territoires ;
- Accorder une place plus importante aux étudiants ; et enfin
- Changer radicalement la gouvernance.

1. Mettre à niveau, mobiliser et inciter les enseignants

Toute réforme de l'écosystème national d'éducation, de formation, de recherche et d'innovation en général et en sciences économiques en particulier ne doit pas perdre de vue que l'enseignant est le principal acteur du changement. De là la nécessité d'approcher la problématique de l'enseignement à partir de cette vérité incontournable. Car, les conditions de la réussite de toute réforme passent principalement par la mise en place de dispositifs appropriés fondés sur l'intégration de toutes les dimensions liées à l'accroissement de la performance des enseignants et à la valorisation de leur rôle dans le système éducatif et, par extension, dans la société.

Le renforcement des programmes de formation qui leur sont destinés et l'amélioration de leurs conditions de travail à leur dédier doivent occuper une place prioritaire, comme elles doivent être menées à travers une démarche s'appuyant à la fois sur l'ingénierie de la formation et sur la prise en ligne de compte des dimensions sociales du métier d'enseignant.

Cette double démarche constitue la clé d'entrée à la valorisation du capital humain avec lequel travaillera l'école publique marocaine de demain, parce que tout changement de l'écosystème demeurera impossible à opérer tant que l'enseignant, du fondamental au supérieur, ne sera pas considéré comme l'un des éléments fondamentaux de l'acte d'éduquer, de former et d'innover.

En conséquence, l'enseignant doit disposer de compétences avérées qui lui permettent de s'acquitter de ses missions, de s'émanciper et de prendre part au rayonnement de l'organisation au sein de laquelle il évolue. Il importe, par ailleurs, de définir ces compétences et de contrôler leurs modes d'acquisition, d'accumulation, d'amélioration, de mise à niveau régulière et de mise en œuvre. Pour ce faire, l'élaboration d'un référentiel dédié à cet effet semble nécessaire. Ce référentiel doit définir avec précision les contours du rôle et les caractéristiques des missions de l'enseignant à tous les échelons de l'écosystème national d'éducation, de formation, de recherche et d'innovation.

Dans ce sens, il est essentiel, voire urgent de mettre au point des programmes nationaux permanents de mise à niveau, de qualification et de recyclage des maîtres et des professeurs aux différents niveaux de cet écosystème du fondamental, au primaire, collégial, secondaire et même au niveau du supérieur.

Pour ce dernier, et aussi paradoxal que cela puisse paraître, force est de constater que jusqu'à nos jours, parler de la mise à niveau des enseignants-chercheurs demeure un tabou. Personne n'ose ouvrir ce chantier, pourtant important au même titre que celui les autres composantes de l'écosystème.

Parce qu'il n'a y a pas de tradition dans ce cadre dans les universités, et parce qu'il s'agit d'une vraie problématique, il est temps de réfléchir très sérieusement à mettre en place des solutions spécifiques, appropriées, innovantes et adaptées en concertation avec les enseignants-chercheurs, leurs représentants et le management des universités. Car, la mise à niveau permanente à cette échelle est tout aussi importante au regard de l'évaluation qu'a révélée l'enquête que nous avons menée auprès des lauréats des formations économiques sortants des universités publiques marocaines.

Ces programmes spécifiques doivent être modulés dans leurs contenus, leurs modalités de mise en œuvre et leur périodicité en fonction des spécialités et des niveaux des cycles où les enseignants exercent. Ils peuvent prendre plusieurs formes, notamment l'organisation au profit des nouvelles générations d'enseignants-chercheurs de visites d'études et de recherche auprès des grandes universités et centres de recherche de renom de par le monde, la multiplication des échanges entre les universités marocaines et étrangères, l'accueil institutionnalisé d'enseignants et de chercheurs appartenant aux meilleures universités et centres de recherche du monde et l'investissement dans une stratégie d'attractivité des savants, des scientifiques, des professeurs et des chercheurs parmi les Marocains du Monde.

Ces programmes permanents de formation continue des enseignants sont seuls à même de pourvoir tous les niveaux de l'écosystème national d'éducation, de formation et de recherche en compétences, en savoirs, en savoir-faire et en cursus pédagogiques dont ils ont besoin pour accomplir leurs missions et renouveler leurs pratiques pédagogiques.

De plus, cette piste contribue à offrir à tous les acteurs de l'écosystème les conditions d'un meilleur accompagnement des changements rapides impulsés par les progrès générés par les apports incommensurables de la révolution digitale et de l'intelligence artificielle.

Cependant, ces programmes se doivent de répondre aux impératifs du temps de l'économie et de la société et être compatibles avec les objectifs que le pays assigne à l'école marocaine du XXIe siècle.

Fait important à signaler à ce niveau : Cette piste fondamentale indispensable ne pourra réussir que si tout l'écosystème national d'éducation, de formation et de recherche est porté par une mobilisation nationale générale de tout le corps enseignant, du fondamental au supérieur. Cette mobilisation présuppose la participation des enseignants et de leurs représentants à l'élaboration de ces programmes continus de mise à niveau. Elle doit être, aussi, adossée à un système réellement incitatif et attractif.

C'est cette approche volontariste et participative qui pourra permettre à l'écosystème de réunir les conditions de l'appropriation, de l'adhésion et de la contribution du corps enseignant à la mise en œuvre réussie de cette stratégie.

Une telle option présuppose à son tour de repenser radicalement les missions de l'école.

2. Repenser radicalement les missions de l'école

Face à la crise de l'école publique et à ses difficultés à concilier entre un enseignement de masse et de qualité et à offrir les voies de l'épanouissement individuel, de la créativité, de l'innovation et de l'insertion socioprofessionnelle et devant un chômage des jeunes diplômés qui continue à poursuivre sa progression, beaucoup de familles s'interrogent sur les missions futures de l'écosystème national d'éducation et de formation.

Devant cette réalité, si l'État fait un effort considérable pour élever le niveau de qualification de la population, la plupart des familles sont de plus en plus soucieuses de donner une meilleure éducation et formation à leurs enfants pour leur permettre d'accéder à des connaissances et des savoirs en phase avec leur temps et à des métiers d'avenir. Car, elles savent qu'il s'agit d'une condition essentielle pour accroitre leurs chances d'insertion professionnelle et de promotion sociale.

Cependant, des inquiétudes grandissantes se font sentir aujourd'hui à ce niveau. Car, au sein de chaque famille, il y a un diplômé ou plus qui ne trouve pas de travail. Aussi, des espoirs de mobilité sociale individuelle et collective se trouvent contrecarrés, avec toutes les conséquences qui en découlent sur le moral des jeunes, de leurs familles et corrélativement sur l'image de l'école publique dans la société. Dès lors, si les réformes du système d'éducation et de formation doivent être poursuivies, les missions de l'école doivent tenir compte de nouveaux facteurs.

Le premier facteur est celui de la relation entre l'école et l'emploi dont nous avons esquissé les contours dans notre première partie. En effet, si le but de l'éducation et de la formation est, entre autres, d'accéder à une activité professionnelle valorisante et décente, cela ne doit pas en constituer la seule finalité. Les études prodiguent avant tout une formation générale qui vise d'abord à élever le niveau culturel et l'esprit critique des apprenants. Aussi, comme nous l'avons noté avec insistance auparavant, ce serait une erreur de favoriser, lors du processus d'éducation et de formation, uniquement les disciplines quantitatives et techniques au détriment des savoirs plus généraux comme l'histoire, la géographie, la littérature, la philosophie, la sociologie, la communication et les langues.

Si aujourd'hui la conjoncture économique est défavorable et ne permet pas à tous les jeunes diplômés d'accéder aux emplois désirés, une meilleure formation générale leur offre les facultés mentales et comportementales pour mieux assumer leur situation et de rechercher des alternatives socioprofessionnelles par eux-mêmes. Faire croire aux jeunes et à leurs familles que toute formation doit déboucher sur un emploi c'est créer auprès d'eux une véritable illusion. Car, si l'avenir est toujours incertain, les relations entre les réalités économiques, technologiques et de la formation sont si complexes que ni l'État, ni les territoires, ni les entreprises n'ont la capacité de se doter d'une gestion prévisionnelle pouvant anticiper la quantité et la qualité de leurs besoins en compétences, même à un horizon temporel relativement rapproché.

Par ailleurs, le trait dominant de la configuration des systèmes d'éducation et de formation de par le monde réside dans le fait que les institutions d'enseignement ont tendance à se constituer en entités cloisonnées. Elles ont leurs propres critères de fonctionnement selon les disciplines et se donnent des règles de gouvernance qui leur sont propres, fixant le statut des enseignants et définissant les modalités d'évaluation des élèves et des étudiants qui induisent auprès d'eux une attitude essentiellement utilitariste. De ce fait, l'un des objectifs essentiels de l'éducation et de la formation, qui consiste à créer des liens de partage des connaissances entre des esprits libres, s'amoindrit, voire s'annule.

Pour lutter contre cette tendance des institutions éducatives, il importe de ne pas introduire une rupture entre la formation et la vie réelle des apprenants. L'orientation progressive des jeunes, au fur et à mesure qu'ils avancent dans leurs études, doit leur permettre d'intégrer les expériences qu'ils accumulent en dehors de l'institution scolaire et universitaire : réflexion sur les acquis, sur les valeurs des apports familiaux, l' observation de la vie économique, sociale, environnementale et culturelle, la mise à disposition de moyens d'analyse des travaux, les activités créatives et sportives, les visites de terrain et les voyages effectués en dehors de l'école, ainsi que l'aide à la prise de conscience des goûts et des aptitudes de chacun au-delà de la recherche unique de l'accumulation des savoirs et des connaissances que sanctionne un système des notations scolaires et universitaires très discutable sur le fond et la forme.

Pour éviter une rupture entre la fonction d'éducation-formation des jeunes et leur vie réelle, il existe des approches éducatives en matière d'orientation qui ont été expérimentées, notamment dans les pays nordiques et au Québec. Celles-ci, parce qu'elles ont montré leur pertinence, y compris en matière d'insertion socioprofessionnelle, nécessitent d'être de vraies sources d'inspiration pour bâtir les écosystèmes d'éducation et de formation du futur les plus en phase avec le temps des nouvelles générations de jeunes.

Sur un tout autre plan, les institutions d'éducation et de formation devraient réfléchir à leurs propres projets d'établissement à partir d'un enseignement préparant les jeunes à affronter la vie économique et sociale dans sa complexité. Cette démarche est d'autant plus nécessaire que l'école évolue dans une société dont l'avenir est incertain, qui n'accepte plus les élèves et les étudiants de niveau faible et moyen, non aptes à saisir les opportunités. Les disciplines d'éveil et l'esprit critique ne doivent donc pas être éliminés au profit de la transmission des techniques et des connaissances quantitatives, dont l'évidence s'impose nécessairement. Celles-ci ont, cependant, tendance à exclure les premières sous la pression de la nécessité non avérée de l'adéquation parfaite entre les formations techniques et l'emploi.

Dès lors, une réflexion stratégique s'impose au niveau de tous les acteurs de l'écosystème d'éducation et de formation, notamment l'État, les établissements d'enseignement et les jeunes eux-mêmes et leurs familles. À cet effet, si l'État qui doit avoir une vision plus claire des nouvelles finalités des institutions d'enseignement, les établissements doivent conduire une réflexion rénovée avec l'ensemble du personnel, à la fois enseignant et administratif sur leurs missions, les jeunes et leurs familles doivent s'armer d'attitudes réalistes et de démarches d'auto-formation indispensable pour qu'une relation féconde s'instaure entre les apports de l'école et ceux de l'environnement économique, social, culturel et familial.

Ces évolutions appellent, cependant une volonté collective de changement, une nouvelle vision des missions de l'école et un choix stratégique visant à ancrer l'école dans une société réelle en perpétuelle transformation évoluant dans des environnements toujours en devenir.

Cependant, pour relever ce défi, il est nécessaire de repenser radicalement les missions de l'école publique, et ce dans cinq directions concomitantes interdépendantes :

- La mission qui vise à apprendre à apprendre, c'est-à-dire à produire un savoir. Cette mission consiste à éduquer les enfants et les jeunes en leur offrant les outils qui leur permettent de comprendre l'environnement dans lequel ils évoluent ;

- La mission qui consiste à apprendre à entreprendre en permettant aux apprenants de s'approprier un savoir-faire qui débouche sur une professionnalisation qui les prépare à exercer un métier ;
- La mission qui vise à apprendre à être, c'est-à-dire à former à la citoyenneté en essaimant dans la société à travers l'école, socle commun de valeurs partagées qui homogénéise la collectivité nationale autour de tout ce qui cimente son unité et sa cohésion ;
- La mission qui a pour finalité d'apprendre à créer et à innover en privilégiant les programmes et la pédagogie qui favorisent la production du génie, de l'intelligence, des innovations et de la veille stratégique ; et enfin
- La mission qui consiste à apprendre à vivre ensemble, c'est-à-dire à produire du lien social et à raffermir la cohésion et l'unité de la Nation.

Ces missions impliquent à leur tour une transformation profonde de l'acte de former, dont les orientations majeures doivent reposer sur les piliers suivants :

- Privilégier la formation tout au long de la vie ;
- Favoriser la formation à la pluri-activité et à la polyvalence ;
- Promouvoir un système d'éducation et de formation diversifiée en fonction des besoins des nouveaux acteurs de la croissance et du développement, en particulier ceux de la société civile et de l'économie sociale et solidaire, armées pour cela par les meilleurs outils de l'économie verte, l'économie bleue, l'économie numérique et l'intelligence artificielle.
- Former à l'international en développant la traduction, le numérique et l'intelligence artificielle. Dans ce cadre, la question de la maîtrise des langues doit occuper une

place particulière en vue de remédier à la situation chaotique actuelle où les étudiants des universités publiques ne maîtrisent ni l'arabe ni le français, langues d'enseignement, et encore moins l'anglais, l'espagnol, le portugais et les autres langues de notre temps. Le niveau actuel faible de la connaissance des langues aggrave les difficultés que rencontrent les étudiants en matière de communication et d'aiguisement de leurs facultés personnelles et de leur pouvoir de négociation dans leurs rapports avec leur environnement extérieur ; et

– Développer la formation à la proximité en formant pour les territoires à partir de la diffusion des meilleures pratiques de l'intelligence économique et de la veille stratégique en vue d'offrir à ces territoires les instruments qui leur permettent de s'ériger en pôles de compétitivité, d'innovation et d'excellence.

Ce sont ces missions essentielles complémentaires et ces inflexions interdépendantes qui aideront l'État et la Société à bâtir un écosystème national d'éducation, de formation et de recherche scientifique, technologique et d'innovation solide et gagnant. Elles permettront, en outre, à l'économie et à la collectivité de disposer d'un capital humain de qualité qui les aide à mieux gérer la complexité économique et financière de leur temps, à lutter efficacement contre les nouvelles formes de rareté des ressources, à mieux réguler les fragilités de leur système productif, leurs vulnérabilités écologiques et corrélativement à faire face aux nouvelles menaces et insécurités du XXIe siècle.

Les chances futures de disposer d'un capital humain apte à répondre à ces réalités, de produire des élites scientifiques d'excellence et de former des compétences en mesure de contribuer à réussir la conduite du changement dans tout l'écosystème national d'éducation, de formation et de recherche dépendront grandement de la volonté de l'État et de la capacité des acteurs de la société à saisir les grandes opportunités qu'offrent ces nouvelles missions de l'école.

3. Revoir l'approche de l'encouragement de la recherche

L'évaluation comparée et l'observation empirique des expériences réussies dans le monde en matière d'encouragement de la recherche et de l'innovation révèlent l'importance de l'existence d'une volonté politique nationale plaçant la recherche et l'innovation à un haut niveau de la décision, à savoir celui de niveau du Chef de l'État ou du Chef du Gouvernement. C'est le cas dans tous les pays qui ont réussi à hisser la recherche et l'innovation à des niveaux mondiaux.

Partout dans ces pays, cette volonté politique s'est traduite par la création d'une instance nationale qui s'érige en cadre institutionnel permanent assurant un pilotage unifié de l'ensemble des composantes de la recherche et de l'innovation.

Cette instance nationale élabore la stratégie nationale de la recherche et de l'innovation qui part des dysfonctionnements à corriger, définit les objectifs, fixe les priorités et arrête les moyens à mobiliser et les modalités de leur affectation et de leur mise en œuvre.

Cette stratégie est le plus souvent portée pas des programmes nationaux phares, centrés sur des secteurs prioritaires pour le pays, comme c'est le cas en Malaisie, en Turquie, au Portugal et au Brésil pour le secteur de l'industrie, mais aussi de la Chine avec le « Made in China 2015 », de l'Allemagne avec « Industrie 4.0 », des États-Unis avec « National Network for Manufacturing Innovation », du Royaume-Uni avec « High Value Manufactoring Catapult », de la Corée du Sud avec « Manufactoring Industry

Innovation 3.0 Strategy » ou encore la France avec le très ambitieux programme dit « Industrie du Futur ».

Ce qu'il faut signaler à ce sujet, c'est que tous ces programmes et la stratégie qui les sous-tend sont portés par un effort public conséquent se traduisant par une part importante de la Recherche et Développement dans le PIB des pays concernés.

Tableau 34- Les 10 premiers pays dans le monde qui consacrent une part importante de leur PIB à la Recherche et Développement

Pays	Part du PIB en pourcentage
Israël	4,3
Corée du Sud	4,2
Japon	3,3
Suède	3,3
Autriche	3,1
Danemark	3,0
Suisse	3,0
Finlande	2,9
Allemagne	2,9
Etats-Unis	2,8
Belgique	2,5
France	2,2
Slovénie	2,2
Australie	2,2
Singapour	2,2
Chine	2,1
Pays-Bas	2,0

République tchèque	2,0
Norvège	1,9
Royaume-Uni	1,7
Canada	1,6

Source : UNESCO, Institut des statistiques, Paris 2023

Mieux encore, et les pays qui veulent réaliser une avancée significative dans le domaine des nouvelles innovations et technologies majeures du futur sont en train de pousser leur secteur privé à investir dans les champs de l'intelligence artificielle.

Tableau 35- Les investissements privés dans l'Intelligence artificielle par pays entre 2013 et 2022

Pays	**Investissement dans l'IA en milliards de dollars**
États-Unis	248,9
Chine	95,1
Royaume-Uni	18,2
Israël	10,8
Canada	8,8
Inde	7,7
Allemagne	7,0
France	6,6
Corée du Sud	5,6
Singapour	4,7

Source : Artificial Intelligence Index Report, 2023

Une telle situation est en train de creuser l'écart entre les pays développés et les pays en développement. Or, ce niveau est très stratégique pour la compétition économique dans le nouveau monde qui se profile à l'horizon, car l'intelligence artificielle constituera demain le cœur des avantages comparatifs, compétitifs et stratégiques des nations.

Dans ce cadre, le Maroc consacre 0,8 % de son PIB à la Recherche-Développement et à l'innovation, avec une contribution du secteur privé évaluée à moins de 0,22 % du PIB. Il est, par ailleurs, classé 75e dans l'Indice mondial de l'innovation.

Il convient de noter à ce sujet que notre pays a tenté en 1998 une expérience pionnière originale avec le gouvernement d'alternance conduite par feu maître Abderrahmane Youssoufi en dédiant au système national de recherche scientifique et technologique un Secrétariat d'État. Cette institutionnalisation a permis en 2000 « la refonte du Centre national de recherche scientifique et technologique (CNRST), la mise en place du Comité permanent interministériel de la recherche scientifique et du développement technologique, et la création en 2001 de l'Institut marocain de l'information scientifique et technologique (Conseil supérieur de l'éducation, la formation et la recherche scientifique,2017, *Évaluation du cycle doctoral pour promouvoir la recherche et le savoir,* p.9).

Avec l'avènement des gouvernements post-alternance, d'autres réformes ont été entreprises, notamment l'installation entre 2004 et 2006 de l'Académie Hassan II des sciences et techniques, la réorganisation du Conseil supérieur de l'éducation, de la formation et de la recherche scientifique en 2006, la création en 2014 de l'Instance nationale d'évaluation relevant du Conseil supérieur de l'éducation, de la formation et de la recherche scientifique et de l'Agence nationale d'évaluation et d'assurance qualité de l'enseignement supérieur et la recherche scientifique (L'Instance nationale d'évaluation du Conseil supérieur de l'éducation, la formation et la recherche scientifique, 2017).

D'autres initiatives ont été prises depuis 2014 au gré des choix et des décisions des différents ministres en charge de l'enseignement supérieur et de la recherche scientifique et technologique sans pour autant capitaliser sur les changements et les apports de leurs prédécesseurs.

Ce faisant, toutes proportions gardées, tout se passe sur le plan du pilotage institutionnel du système national de recherche et d'innovation comme si le pays demeurait à la case départ. C'est-à-dire à la prise en charge sectorielle traditionnelle de la recherche par le ministère de l'Enseignement supérieur, de la Recherche scientifique et de l'Innovation et non par une instance nationale placée à un niveau hautement stratégique multisectoriel et interministériel, à savoir au niveau de Chef de l'État ou du moins du Chef du Gouvernement.

Or, éclairée par les expériences de pays en avance à ce niveau sur notre pays, la création de cette instance nationale s'avère aujourd'hui plus que jamais indispensable. C'est à cette instance qu'incombe l'élaboration de la stratégie nationale de recherche scientifique, technologique et d'innovation prenant appui sur une vision globale, intégrée, multisectorielle et interministérielle portée par un pilotage institutionnel unifié.

Cette stratégie devrait être portée par une nouvelle ambition pour le Maroc en matière de recherche et d'innovation, compatible avec les objectifs de modernisation économique généralisée, en phase avec les nouvelles responsabilités régionales, continentales et internationales du pays et l'objectif stratégique de réalisation de la souveraineté économique nationale.

Aussi devrait-elle accorder plus d'importance à la formation des scientifiques, à la production des inventeurs. Elle devrait aussi identifier les besoins en matière de recherche en concertation avec les entreprises et les territoires, valoriser davantage et de façon radicalement repensée l'apport des Marocains du Monde, arrêter des financements conséquents tout en refondant le système d'incitations, en simplifiant les procédures et en développant des partenariats innovants public-public et public-privé.

À ce dernier niveau, une place particulière doit être accordée au partenariat public-privé-territoires en vue de renforcer les structures territorialisées existantes dans les douze régions du Royaume, qu'il s'agisse des clusters, des technoparcs ou des technopôles, et ce afin de contribuer à les transformer en véritables pôles de compétitivité capables de gagner la bataille redoutable de l'innovation, du génie et de l'intelligence, seuls gages de l'excellence. Cela passe nécessairement par une implication volontariste et raisonnée du monde économique et des territoires dans l'enseignement et la recherche.

4. Impliquer davantage le monde économique et ancrer l'enseignement et la recherche dans les territoires

C'est une lapalissade que d'affirmer que l'Entreprise et l'Université constituent les deux acteurs clés des enjeux fondamentaux de la création de la richesse : L'Entreprise parce qu'elle est le lieu naturel de la production de la valeur et l'Université en raison de son statut d'espace de la production du génie, de l'intelligence, de la connaissance et du savoir indispensables pour générer des innovations et des technologies dont l'économie et la société ont besoin.

Par conséquent, renforcer la relation Université-Entreprise c'est être en phase avec cette réalité, particulièrement en cette deuxième décade du XXIe siècle où le capital immatériel émerge pour devenir un levier essentiel des nouveaux modèles de croissance et de développement.

Dans ce cadre se pose une question fondamentale : Quels sont les défis que cette relation est appelée à relever aujourd'hui ?

À ce niveau, trois défis paraissent être au cœur de cette relation :

1) Aider le pays à gérer la complexité économique et gestionnaire due à l'obsolescence rapide des savoirs, des savoir-faire, des qualifications, des technologies et des métiers ;

2) Contribuer à maîtriser les insécurités liées aux fluctuations imprévisibles des marchés, à la fréquence des phénomènes naturels extrêmes et aux nouvelles générations de guerres et à leur tête la cyberguerre, celles des ressources naturelles, du vivant, de l'image et de l'intelligence artificielle ; et

3) Répondre à la raréfaction continue et certaine des ressources à la fois naturelles, humaines et financières au regard de la pression vertigineuse des besoins des entreprises, des territoires et des populations.

Certes, le Maroc ne part pas de rien en matière de partenariat Universités-Entreprises-Territoires. Plusieurs initiatives ont été prises à cet égard. En effet, sur le plan des infrastructures destinées à valoriser l'innovation et à développer le partenariat des interfaces Université-Entreprises des incubateurs universitaires et des Cités de l'innovation ont été mis en place. De même, des infrastructures destinées à favoriser la mutualisation des moyens humains et matériels au service de la recherche et de l'innovation ont été créées. Il s'agit de l'Institut marocain de l'information scientifique et technique (IMIST), du Réseau Marwan et des Unités d'appui technique à la recherche scientifique (UATRS) du CNRST, le Réseau Maroc Incubation et Essaimage (RMIE) et l'instauration du Prix de la compétitivité, prix du Partenariat Université-Entreprise (PC-PPUE).

Institué en 2010 à l'initiative de l'Association d'études et de recherches pour le développement sous l'égide de laquelle l'Université Ouverte de Dakhla a été fondée, ce prix a été créé dans le cadre de la mise en œuvre du Programme d'appui à l'innovation et au développement technologique (PAIDT). Il est le fruit d'une coopération entre les ministères de l'Industrie et du Commerce, de l'Enseignement supérieur, de la Recherche scientifique et de l'Innovation, visant à organiser un concours national bisannuel, auquel l'Académie Hassan II des sciences et techniques, la Fondation RD Maroc et les départements ministériels concernés ont été associés.

Conformément à l'article 1 de la convention l'instituant, « ce prix vise la promotion et l'encouragement du partenariat entre le monde de la recherche scientifique et le monde socioéconomique, notamment en matière de valorisation de la recherche et du transfert technologique ». « Il est octroyé pour reconnaître les efforts déployés par les universités et les entreprises pour développer le partenariat université-entreprise et au-delà la compétitivité de l'économie nationale « (Article 5).

Malgré les efforts déployés par l'ensemble des membres du Comité de pilotage, l'instauration de ce prix n'a pas pu déclencher la dynamique souhaitée pour le développement du partenariat Université-Entreprise. En témoigne le nombre limité et décroissant des projets qui ont répondu aux appels à candidatures qui ont atteint 28 en 2010, 13 en 2013, 12 en 2015, 11 en 2017 et 9 en 2019.

Si le Prix de la Compétitivité-Prix du Partenariat-Université Entreprise a été gelé depuis 2019 avec la pandémie de la Covid19, les autres programmes connaissent des sorts fluctuants au gré des changements à la tête des départements ministériels et à cause d'autres vicissitudes propres à toute stratégie où il n'y a pas un pilotage institutionnel unifié placé à un haut niveau de l'État.

Pour cette raison profonde éminemment politique, la recherche scientifique et l'innovation, qui sont l'output de cette relation partenariale entre l'Université, l'Entreprise et le Territoire, souffre de nombreux dysfonctionnements rendant difficile la réalisation par notre pays de raccourcis technologiques sur la voie de l'innovation et de la compétitivité.

Parmi ces dysfonctionnements, on constate que la relation entre l'Université, l'Entreprise et les Territoires n'est pas suffisamment ancrée autour des 10 grands chantiers prioritaires rentrant dans le cadre du très ambitieux projet de modernisation économique généralisée du Maroc.

Ces chantiers prioritaires sont :

- Les nouveaux métiers mondiaux du Maroc, qui font partie d'un pacte national pour l'émergence industrielle, transformé en pacte d'accélération pour devenir aujourd'hui un pacte de promotion industrielle. Ce pacte, qui a comme objectif stratégique de réalisation de la souveraineté industrielle nationale, est porté par une ambition qui est celle du développement du « Made in Morocco ».

Ce premier chantier de modernisation économique comprend les secteurs de l'offshoring, l'automobile, l'aéronautique, l'électronique, le textile, le cuir et l'agroalimentaire.

- Les secteurs pour lesquels le Maroc dispose d'un avantage comparatif traditionnel, notamment l'agriculture, la pêche, l'artisanat, le tourisme et l'industrie des phosphates. Pour ces secteurs, le pays dispose de plans fixant la stratégie qui définit les moyens pour sa réalisation, précisant l'horizon et la visibilité temporels et identifiant les objectifs chiffrés et datés à atteindre. Il s'agit, entre autres, du Plan Maroc Vert pour l'agriculture, du Plan Halieutis pour la pêche, de la vision 2026 pour le tourisme, du Plan artisanat et de la nouvelle politique de valorisation des phosphates.

– Les secteurs stratégiques correspondant aux défis que le Maroc aura à affronter. Il s'agit des secteurs suivants : l'énergie, l'eau, les biotechnologies liées à la préservation et à la protection du patrimoine végétal et animal national, la santé et les médicaments, des nouvelles technologies de l'information et des télécommunications et l'environnement avec ses multiples composantes (assainissement, traitement des déchets solides et liquides, lutte contre la désertification et la déforestation, la prévention et la gestion des risques et des catastrophes naturelles, etc.).

– Les secteurs de la banque, de la finance, de l'assurance et de la bourse, qui connaissent une modernisation soutenue, une concentration-centralisation avancée et une internationalisation poussée.

– Les grands chantiers d'infrastructures, notamment les plateformes industrielles intégrées, les routes, les autoroutes, les ports, les aéroports, les chemins de fer, la logistique de transport et les plateformes de logistique en général, le logement, l'électrification et l'adduction d'eau potable.

– Les chantiers relevant de l'économie sociale et solidaire pour la promotion et le développement de l'entrepreneuriat social, notamment les activités génératrices de revenus dans le cadre de l'Initiative nationale pour le développement humain (INDH), les activités des associations et fondations de la microfinance et les activités des coopératives et des mutuelles.

– Les chantiers rentrant dans le cadre de l'agenda national pour le climat et le développement durable.

– Les chantiers ouverts dans le cadre de la feuille de route économique marocaine pour l'Afrique.

– Les grands chantiers d'accompagnement économique de la régionalisation avancée, notamment ceux inscrits dans le cadre des engagements pris en matière de mise en œuvre du Nouveau Modèle de Développement des provinces du sud du Royaume.

– Le dixième chantier, enfin, est celui ouvert dans le cadre de la promotion du capital immatériel, et notamment dans les domaines de la culture, des arts et du patrimoine.

C'est autour de ces chantiers prioritaires que doivent s'organiser et se structurer des partenariats Université-Entreprises-Territoires solides, avec leurs déclinaisons au niveau des douze régions du pays, en vue de hisser ces territoires par l'innovation au rang de véritables pôles de compétitivité et d'excellence.

Or, cette voie suppose que l'écosystème national d'éducation, de formation et de recherche puisse offrir aux entreprises et aux territoires les savoirs, les savoir-faire et les technologies qui renforcent leurs capacités et les arment des meilleures pratiques de l'intelligence économique et de la veille stratégique, instruments indispensables à l'éclosion en leur sein d'une dynamique pérenne d'innovation.

Un tel défi implique le développement volontariste des relations fortes de partenariat innovant entre les Universités, les Entreprises et les Territoires, ainsi que le décloisonnement de la recherche appliquée et de l'innovation entre les secteurs publics, privés et les territoires par l'institutionnalisation et la pérennisation de ces relations au moyen de l'établissement de passerelles ainsi que par le développement des bonnes pratiques de la contractualisation.

C'est cette démarche qui contribuera à terme à produire des impacts forts sur l'ensemble de l'écosystème national de formation, de recherche et d'innovation.

5. Accorder une place plus importante aux étudiants

Les étudiants sont le maillon faible de l'écosystème national d'éducation, de formation, de recherche et d'innovation, alors qu'ils devraient en être le cœur. Car, ils représentent sa raison d'être même.

En effet, sur le plan de leur importance démographique, selon le ministère de l'Enseignement supérieur, de la Recherche et de l'Innovation dans un rapport intitulé : « l'Enseignement supérieur en chiffres », la population totale des étudiants au titre de l'année 2022-2023 est de 1.218. 687, répartie comme suit :

- Enseignement universitaire public : 1.095.668 ;
- Formation des cadres : 52.812 ;
- Établissements privés ne relevant pas des universités : 35.221 ;
- Établissements relevant des Universités privées : 11.229 ;
- Établissements créés dans le cadre de partenariats : 20.367 ;
- Université Al Akhawayn : 3 390.

Ce nombre appréciable d'étudiants constitue le vivier des générations futures d'élites scientifiques, culturelles, administratives, politiques, syndicales, civiles, militaires, sécuritaires, mais aussi le vivier futur de dirigeants, d'experts, de stratèges, d'analystes, d'inventeurs et de génies que les universités publiques ont pour mission de former.

Or, bien que nous ne disposions pas d'informations précises sur les conditions de travail, de vie et d'existence des étudiants en période de formation, et si on exclut la situation d'une minorité d'étudiants issus de familles aisées et d'institutions publiques d'enseignement supérieur non universitaire spécialisées et à accès régulé, ou ceux de l'enseignement supérieur privé, l'observation empirique et l'examen des indicateurs statistiques de nature macroéconomique disponibles, révèle que les conditions de la grande majorité des étudiants de l'enseignement supérieur public, notamment celui à accès ouvert, c'est-à-dire les 1.095.668, ces conditions sont très difficiles et sans commune mesure avec leur statut d'élites futures de la collectivité nationale, et ce malgré les efforts réels consentis par l'État.

Certes, la Charte nationale de l'éducation et de la formation de l'année 2000 et la Vision Stratégique 2015-2030 accordent une attention particulière à cette problématique, mais force est de constater qu'il existe un fossé entre la vision et la réalité et entre les droits, les faits et le vécu des étudiants.

En effet, sur le plan de la protection sociale, selon le Rapport annuel global de l'Agence nationale de l'assurance maladie au titre de l'année 2021, le nombre d'étudiants bénéficiaires de l'Assurance Maladie Obligatoire est passé de 67.177 en moyenne sur la période 2016-2018 à 242.763 en 2020 et à 350.310 en 2021 ; soit une évolution de 44,3 %, en 2021 par rapport à 2020. Malgré cette augmentation, la part des étudiants bénéficiaires de l'AMO n'est que de 28,70 % de la population totale des étudiants en 2023.

Concernant l'effectif des étudiants boursiers, il est évalué à 421.658 en 2022-2023, soit une part de seulement 34,60 % du nombre total des étudiants inscrits en 2022-2023, répartis comme suit :

– Nombre de boursiers au Maroc : 421.182

– Nombre de boursiers à l'étranger : 27

– Marocains résidents à l'étranger : 449

Au niveau de l'effectif des étudiants résidant dans les cités universitaires, le nombre s'est établi à 50.000 en 2015 sur un nombre d'étudiants évalué à 750.000. En 2022, ce nombre est passé à seulement 49.430, à cause de la pandémie de la Covid19, où seulement 70% de la capacité des cités ont été utilisés.

Concernant le montant des subventions accordées aux cités universitaires, force est de constater la stabilité de leur évolution et leur part insuffisante dans le budget de fonctionnement alloué à l'enseignement supérieur entre 2019 et 2023 :

Tableau 36- Évolution du budget de fonctionnement de l'enseignement supérieur, des bourses et des subventions entre 2019 et 2023 (en millions de dirhams)

	2019	2020	2021	2022	2023
Budget de fonctionnement	9954,52	11 213,97	11 343,93	12 412,69	13 211,95
Subventions aux cités universitaires	420,0	420,0	440,0	480,13	490,13
Bourses	1808,0	1830,0	1831,0	2031,0	2031,0

Source : Ministère de l'Enseignement supérieur, de la Recherche et de l'Innovation, L'enseignement supérieur en chiffres 2019-2020 et 2022-2023

Si ces indicateurs révèlent le faible accès des étudiants de l'enseignement supérieur aux services publics essentiels malgré les efforts consentis au niveau du budget général de l'État, la qualité des services existants, notamment en matière de restauration, d'hébergement et de transport correspond au minimum vital au sens propre du terme. Quant à la culture et aux loisirs en milieu universitaire, la situation est loin d'être en phase avec les exigences de l'étudiant du XXIe siècle. Aussi, à ce niveau, chaque étudiant, au vu de ses moyens, des possibilités qu'il s'offre par lui-même et des opportunités qu'il se crée, essaie-t-il tant bien que mal d'y répondre.

À tout cela, s'ajoute un phénomène important, c'est celui de l'absence au sein des enceintes universitaires de véritables espaces de débat et de forum d'échanges. Or, l'histoire a montré que se sont ces espaces et forums qui contribuent à structurer la vie citoyenne des étudiants, à les former à l'action politique, au sens noble de la politique, à les préparer à leur future insertion dans la vie sociale réelle tout en aiguisant, de façon précoce, leur sens de la critique, de la contradiction, du dialogue, de la concertation, de la médiation et de la négociation. Ce faisant, ils enracinent auprès d'eux les valeurs de l'engagement, du civisme et du patriotisme, et corrélativement les baignent, alors qu'ils sont en cours de formation, dans des environnements qui leur apprennent la primauté de la défense des intérêts supérieurs du pays et l'attachement farouche au socle commun de valeurs et aux fondamentaux qui cimentent l'unité et la cohésion de la Nation.

Ce sont là les spécificités des environnements où évoluaient les étudiants des universités publiques marocaines des années 60, 70 et même 80 et dont les fers de lance étaient les organisations estudiantines comme l'Union nationale des étudiants du Maroc et l'Union générale des étudiants du Maroc, pour ne citer que celles qui ont marqué les débats et les combats que les leaders des mouvements estudiantins ont menés durant ces décennies, tout en poursuivant brillamment leurs études.

Aujourd'hui, parce que la logique sécuritaire l'emporte sur toute autre considération, l'université publique marocaine ne remplit plus cette mission stratégique pour le fonctionnement de la société. Elle semble même s'éloigner chaque année un peu plus de cette rationalité systémique qui vise à former des cadres compétents certes, mais aussi des cadres-citoyens, engagés dans la marche de leur pays, soucieux de la destinée de leur collectivité nationale et impliqués dans la vraie sécurité globale du Maroc, qui est celle portée par des élites scientifiques et administratives conscientes de ses droits mais aussi de ses devoirs envers leur Nation.

6. Changer radicalement la gouvernance

Le changement structurel dont a besoin l'écosystème national d'éducation, de formation et de recherche nécessite de bâtir des bases solides d'une gouvernance stratégique, compétitive, partenariale et responsable. Il s'agit, en fait, d'une gouvernance de l'enseignement et de la recherche par un État stratège qui définit de façon concertée avec les acteurs nationaux et territoriaux les options, coordonne les actions et les programmes de réforme, en assure le suivi permanent, en évalue les résultats et les retombées sur la compétitivité des secteurs économiques vitaux, y opère les ajustements nécessaires, contrôle la régularité, la conformité et l'usage de la valorisation des résultats, le tout sur la base d'un système approprié de reddition des comptes qui récompense les performances et sanctionne les déviances.

La forme la plus appropriée de ce mode de gouvernance devrait être la contractualisation entre l'État, les structures d'enseignement supérieur, de recherche et d'innovation, les entreprises et les territoires.

Ces modalités de gouvernance exigent, cependant, de l'écosystème de formation future des économistes d'être armé des meilleures pratiques de l'intelligence économique, de la veille stratégique, de la prospective et de toutes les possibilités qu'offre la valorisation des composantes essentielles du capital immatériel et de l'économie de la connaissance comme vecteurs de la richesse globale du pays.

Par ailleurs, il est tout aussi nécessaire de repenser radicalement l'approche, les procédures et les mécanismes de l'évaluation. En effet, l'évaluation de l'efficacité et du rendement du budget n'est pas chose facile, vu que l'écosystème ne dispose d'aucun outil permettant d'analyser l'affectation des dépenses et d'assurer le suivi des indicateurs financiers du système, de même qu'il manque d'outils pour le pilotage et la gestion des coûts.

C'est pourquoi l'adoption, l'élargissement et l'intensification des nouvelles pratiques en matière de suivi, d'évaluation, de contrôle et de reddition de comptes, au niveau de toutes les composantes du système national d'éducation, de formation et de recherche sont devenus une nécessité, en lien avec les objectifs fixés pour toutes les composantes de l'écosystème. Il s'agit par ce mode de gestion d'assurer les conditions d'une gouvernance responsable et en cohérence avec les impératifs du rendement intérieur et extérieur de l'intégralité de l'écosystème.

Enfin, un élément crucial, extrêmement important du nouveau mode de gouvernance est à mettre en place dans les universités publiques marocaines : c'est celui concernant les mécanismes de suivi, d'évaluation et de contrôle internes aux facultés pour mesurer la qualité de l'enseignement et de la recherche en économie à partir de l'évaluation des enseignants-chercheurs.

En effet, la qualité de l'enseignement et de la recherche dans tout système d'éducation, de formation et d'innovation nécessite l'existence de mécanismes appropriés de suivi, d'évaluation et de contrôle des performances des enseignants-chercheurs. Dans les universités et grandes écoles de par le monde, notamment le monde anglo-saxon, cette évaluation se fait par les étudiants en leur qualité d'utilisateurs et bénéficiaires directs de ce service public. Or, comme signalé auparavant, dans les universités publiques marocaines, nous ne disposons pas de cette tradition et de ces pratiques pour opérer des diagnostics endogènes réguliers, objectifs et transparents de l'état de l'enseignement et de la recherche en sciences économiques à l'intérieur des facultés.

L'attachement des enseignants à leur autonomie et à leur indépendance en cette matière rend tout simplement impossible la réalisation d'avancées au niveau de cette dimension indispensable bien que très sensible de l'enseignement et de la recherche dans les universités publiques marocaines d'aujourd'hui.

L'autonomie des universités, somme toute relative aujourd'hui, doit être mise à contribution pour faire avancer, avec les enseignants-chercheurs et leurs représentants, cette composante stratégique de la gouvernance des établissements d'enseignement supérieur dans notre pays.

CONCLUSION

L'évaluation de l'état de l'enseignement et de la recherche en sciences économiques dans les universités publiques marocaines révèle une conclusion majeure. Elle réside dans le fait que, malgré l'existence d'une volonté politique visant à réformer l'école publique marocaine, d'une vision partagée de ce que doit être cette réforme et d'une stratégie jouissant d'un large consensus au sein de la Nation, l'écosystème national d'éducation, de formation et de recherche dans son ensemble continue de connaître une crise de nature réellement structurelle.

Cette crise se traduit au niveau de la qualité de la formation, du volume de la production scientifique, des difficultés à former de nouvelles générations d'économistes d'excellence et du faible impact en termes d'innovation au profit de la société, des territoires et des entreprises.

Face à cette impasse, l'organisation d'un débat national sur l'avenir de la formation des économistes par et dans les universités publiques marocaines s'avère aujourd'hui plus que jamais nécessaire.

Cependant, et comme le révèle l'examen de cette problématique tout le long du présent ouvrage, ce débat important doit prendre appui sur les grandes transformations que connaissent toutes les composantes de l'économie et de la société (État, territoires, entreprises, banques, assurances, société civile), ainsi que sur les passerelles nécessaires à opérer entre l'université, la société, les entreprises et les territoires. Il doit, également, s'appuyer sur les nouvelles missions interdépendantes de l'école que nous avons mises en perspective, produire un savoir pertinent en termes de connaissances générales, un savoir-faire qualifiant pour renforcer l'employabilité des lauréats sortants des universités, un savoir-être en phase avec les valeurs à promouvoir dans la société, mais aussi produire de l'intelligence et du génie pour permettre aux doctorants et aux chercheurs confirmés de contribuer à l'effort national d'innovation, et générer des valeurs qui renforcent le lien social et la cohésion nationale et ce pour enraciner dans la collectivité les principes du vivre ensemble autour des fondamentaux inscrits dans la Constitution du Maroc moderne.

Mais pour qu'il soit à finalité opératoire, ce débat doit porter sur les nouveaux défis de la formation en sciences économiques que sont la gestion de la complexité économique, la raréfaction future des ressources, la régulation des nouvelles générations de guerres, d'insécurités et de risques, ainsi que la gouvernance des territoires et la conduite du changement dans une économie ouverte, globale et digitalisée en situation d'incertitude et d'aléas.

Ce débat doit, en conséquence, déboucher sur ce que devront être les nouveaux champs du savoir économique à enseigner dans les universités publiques marocaines du XXIe siècle, à même de répondre aux impératifs des transitions climatique, numérique, énergétique, et à ceux attenants à la nouvelle révolution technologique post-industrielle impulsée par l'intelligence artificielle et à ceux liés à la réalisation vitale des objectifs de souveraineté nationale, dans ses dimensions alimentaire, sanitaire, industrielle, sécuritaire, militaire, mais aussi cultuelle, culturelle et civilisationnelle.

Ces enjeux vitaux pour la nation marocaine exigent de l'écosystème national d'enseignement et de recherche en sciences économiques de former les générations futures d'économistes aux meilleures pratiques de l'intelligence économique, de la veille stratégique, de la prospective des territoires, de la révolution numérique, de l'intelligence artificielle et de tous les champs du savoir et de la connaissance économique qui offrent le maximum de possibilités de valorisation des composantes agissantes du capital immatériel, dont regorgent les universités publiques du pays.

Ce sont ces pistes qui pourraient s'ériger en vecteurs fondamentaux et en leviers d'avenir en matière, d'une part, de production de nouvelles élites scientifiques et, d'autre part, de formation de compétences en sciences économiques en mesure d'accompagner le Nouveau Modèle de Développement du Maroc du XXIe siècle.

RÉFÉRENCES BIBLIOGRAPHIQUES

Académie Hassan II des sciences et techniques, 2023, « Sciences, technologie et innovation dans un monde incertain», 23e Conférence de l'Académie des sciences du monde islamique, Rabat.

Agence nationale d'évaluation et d'assurance qualité de l'enseignement supérieur et la recherche scientifique, 2018, *Rapport d'évaluation et de suivi d'un échantillon de filières à accès régulé accrédité au titre de la session 2017*, Rabat.

Agence nationale d'évaluation et d'assurance qualité de l'enseignement supérieur et la recherche scientifique, 2021, *Rapport de la vague pilote d'évaluation des établissements de l'enseignement supérieur 2020-2021,* Rabat.

Artificial Intelligence Index Report, *2023*

Bibliothèque nationale du Royaume, *Bases de données des ouvrages d'économie répertoriés entre 1956 et 2020*, Rabat

Bibliothèque Roi Abdul-Aziz Al Saoud, *Bases de données des ouvrages d'économie répertoriés depuis sa création jusqu'en 2020*, Casablanca.

Bulletin Officiel du Royaume n°6283 du 18 août 2014, Loi n°80-12 relative à l'Agence nationale d'évaluation et d'assurance qualité de l'enseignement supérieur et de la recherche scientifique, et son Décret d'application n°2.19.16 du 23 juillet 2019, paru au B.O n° 6801 du 5 août 2019, Rabat.

Centre national de la recherche scientifique et technique (CNRST), 2021, *Place de la recherche scientifique marocaine dans les meilleures revues sur Scopus et Web of Science,* 2016-2020, Rabat.

Centre national de la recherche scientifique et technique (CNRST), 2021, *Production scientifique nationale en comparaison avec d'autres pays Scopus et Web of Science,* 2016-2020, Rabat.

Commission spéciale sur le Modèle de Développement, Le Nouveau Modèle de Développement, avril 2021, Rabat.

Conseil économique, social et environnemental, *Rapport annuel* 2017, Rabat.

Conseil supérieur de l'éducation, de la formation et de la recherche scientifique, 2014, *la mise en œuvre de la Charte nationale d'éducation et de formation 2000-2013, Acquis, déficits et défis, Rapport analytique*, Rabat.

Conseil supérieur de l'éducation, de la formation et de la recherche scientifique, *2017, Évaluation du cycle doctoral, pour promouvoir la recherche et le savoir, rapport thématique*, Rabat.

Conseil supérieur de l'éducation, de la formation et de la recherche scientifique, 2017, *Évaluation des facultés polydisciplinaires, Quelle politique, quel impact et quelle perspective, Rapport thématique,* Rabat

Conseil supérieur de l'éducation, de la formation et de la recherche scientifique, 2018, *l'évaluation de la recherche scientifique, Actes du colloque international des 6-7 décembre 2017*, Rabat.

Conseil supérieur de l'éducation, de la formation et de la recherche scientifique, 2018, *l'enseignement supérieur au Maroc, efficacité et efficience du système universitaire à accès ouvert, Rapport sectoriel,* Rabat.

Conseil supérieur de l'éducation, de la formation et de la recherche scientifique, 2019, *l'enseignement supérieur au Maroc, efficacité et efficience du système universitaire à accès régulé, Rapport sectoriel*, Rabat.

Conseil supérieur de l'éducation, de la formation et de la recherche scientifique, 2022, *La recherche scientifique au Maroc, Analyse évaluative, Rapport sectoriel,* Rabat.

Cherkaoui Mohamed (Sous la direction de), 2007, *L'évaluation du système national de la recherche dans le domaine des sciences humaines et sociales, ministère* de l'Éducation nationale, de l'Enseignement supérieur, de la Formation des cadres et de la Recherche scientifique, Rabat.

El Aoufi Noureddine, 2012, « *La recherche économique au Maroc, une esquisse du champ disciplinaire* », in Revue « *Critique économique, n° du printemps-été,* Rabat.

Janjar Mohamed-Sghir, 2019, *Recherche scientifique au Maroc, Données et éléments structurels*, Rapport au Conseil économique, social et environnemental, Rabat.

Guerraoui Driss et **Xavier Richet** (Dir), 2009, *Compétitivité et accumulation des compétences dans la mondialisation, comparaisons internationales,* Éditions L'Harmattan, Paris.

Les Cahiers du Matin, 2020, Spécial innovation, Rabat.

Ministère de l'Enseignement supérieur, de la Recherche et de l'Innovation, 2023, *L'enseignement supérieur en chiffres 2019-2020 et 2022-2023*, Rabat.

Ministère de l'Education nationale, de l'Enseignement préscolaire et du Sport, *Indicateurs de l'éducation, 2023, Direction de la stratégie, des statistiques et de la planification,* Rabat.

Secrétariat d'État chargé de la recherche scientifique, 2002, *Recherche scientifique, bilan 1998-2002*, Rabat.

Secrétariat d'État chargé de la recherche scientifique, 2007, *Enquête nationale sur le potentiel scientifique et technique*, Rabat.

The Economist Intelligence Unit, 2018, *Preparing for disruption, Technological Readiness Ranking,* London.

UNESCO, 2023, Institut des statistiques, Paris.

DU MÊME AUTEUR

Travaux personnels :

- *Agriculture et Développement au Maroc*, 1985, Éditions Publisud, Paris,
- *Les paysans, quel avenir ?*, 1986, Éditions Maghrénines, Casablanca,
- *Enjeux agricoles,* 1991, Éditions le Fennec, Casablanca (avec Najib Akesbi),

-الاقتصاد المغربي، التحولات والرهانات 1996، دار توبقال، الدار البيضاء

-المغرب والمستقبل، تأملات في الاقتصاد والمجتمع 1999، منشورات جمعية الدراسات والابحاث للتنمية، الرباط

- *Les Grands défis économiques de la Méditerranée,* version italienne en 1998, Edions Jaka Book, Milan, version espagnole en 1999, Éditions du CIDOB, Barcelone, version française en 2000, Edisud, Aix-en-Provence, version arabe en 2001, Éditions Alif, Tunis,

-الإجتهاد الإقتصادي قضايا وتساؤلات 2005، منشورات جمعية الدراسات والابحاث للتنمية، الرباط

- *L'image de l'Espagne au Maroc,enquête et témoignages*, 2005, Publications de l'ARCI, Rabat (Avec N.Affaya).
- *Le Maroc et le Monde dans les perceptions des jeunes*, 2004, Publication de l'ARCI, Rabat.

- *L'image du Maroc auprès des jeunes du monde*, 2004, Publication de l'ARCI, Rabat.
- *Le Maroc des jeunes,* 2006, Éditions L'Harmattan, Paris (Avec N.Affaya),
- *L'Afrique vue par les jeunes*, 2007, Éditions L'Harmattan, Paris (Avec N.Affaya).
- *L'élite économique marocaine, étude sur la nouvelle génération d'entrepreneurs*, 2009, Éditions L'Harmattan, Paris (Avec N.Affaya),
- *Les jeunes et l'engagement, désenchantement et espoir,* 2010, Éditions L'Harmattan, Paris (Avec N.Affaya).
- إشـكالية التشـغيل، مقاربـات وتوجهـات، 2014، منشـورات جمعيـة الدراسـات والابحـاث للتنميـة، الربـاط
- *Économie et sociétés du XXIe siècle,* 2016, Éditions la Croisée des Cchemins, Casablanca.
- التنميـة، نهايـة نمـوذج؟ 2018، منشـورات المركـز الثقـافي للكتاب، بـيروت، لبنان
- *L'Afrique des paradoxes, attitudes et regards des jeunes*, 2019, Éditions L'Harmattan-Paris et La Croisée des chemins-Casablanca (Avec N.Affaya).
- عبد الرحمان اليوسفي، دروس للتاريخ، 2020، منشورات المركز الثقافي للكتاب، بيروت، لبنان
- *Regards sur un Monde incertain, Changer ou régresser*, 2021, Éditions la Croisée des Chemins, Casablanca.
- *Etre jeune aujourd'hui, Révoltes du présent et regards sur l'avenir,* 2022, Éditions la Croisée des Chemins, Casablanca (Édition française).
- أن تكون شابا في عالم اليوم، ثورات الحاضر وتطلعات نحو المستقبل، منشورات ملتقى الطرق، 2023، الدار البيضاء

– *Abderrahmane Youssoufi, Leçons pour l'Histoire* (Version en langue française), 2023, Éditions Al Markaz Attakafi Lil Kitab, Beyrouth, Liban.

Travaux sous direction :

– *Ajustement et développement en Afrique Subsaharienne, au Maghreb et en Europe*, 1994, Éditions L'Harmattan-Paris et Éditions Toubkal-Casablanca.

– *Stratégies de privatisation, comparaison Maghreb-Europe*, 1996, Éditions L'Harmattan-Paris et Éditions Toubkal-Casablanca.

– *Les investissements directs étrangers, facteurs d'attractivité et de localisation, comparaison Maghreb-Europe-Asie*, 1997, Éditions L'Harmattan-Paris et Éditions Toubkal-Casablanca.

– *Les zones méditerranéennes défavorisées,* 1998, Éditions L'Harmattan-Paris et Éditions Toubkal-Casablanca.

– *Le devenir du service public,* 1999, Éditions L'Harmattan, Paris.

– *Économies émergentes et politiques de promotion de la PME*, 2000, Éditions L'Harmattan-Paris et Éditions Toubkal-Casablanca.

– *Femmes fonctionnaires du Maroc,* 2001, Éditions L'Harmattan-Paris et Éditions Toubkal-Casablanca.

– *Intelligence économique et veille stratégique, défis et stratégies pour les économies émergentes,* 2005, Éditions L'Harmattan-Paris Publications de l'AERED, Rabat.

– *Compétitivité et accumulation de compétences dans la mondialisation, comparaisons internationales,* 2009, Éditions L'Harmattan, Paris.

– *Intelligence territoriale et développement régional par l'entreprise, expériences internationales comparées,* 2011, Éditions L'Harmattan-Paris et Publications de l'AERED-Rabat.

– الحمايـة الاجتماعيـة في العـالم العـربي، 2012، منشـورات جمعيـة الدراسـات والابحـاث للتنميـة، الربـاط

– التحـولات الاجتماعيـة في العـالم العـربي، 2013، منشـورات جمعيـة الدراسـات والابحـاث للتنميـة، الربـاط

– الحـوار المـدني في المجتمعـات العربيـة، 2014، منشـورات جمعيـة الدراسـات والابحـاث للتنميـة، الربـاط

– *Intégrations régionales et prospectives des territoires, comparaisons internationales*, 2014, Éditions L'Harmattan-Paris, Publications de l'AERED-Rabat et de l'AIFIE-Paris.

– إشـكالية التماسـك الاجتماعـي في العـالم العـربي، 2015، منشـورات جمعيـة الدراسـات والابحـاث للتنميـة، الربـاط

– الرأسـمال الثقـافي في الأقاليـم الجنوبيـة المغربيـة، 2015، منشـورات جمعيـة الدراسـات والابحـاث للتنميـة، الربـاط

– الشـباب والتنميـة المسـتدامة، أيـة مسـاهمة ؟ 2017، منشـورات الجامعـة المفتوحـة للداخلة(بالعربيـة والفرنسـية والانجليزيـة)

– *Les jeunes et le développement durable, quelle contribution ?*, 2017, Publications de l'Université Ouverte de Dakhla (en français et anglais).

– *Les nouveaux territoires économiques, acteurs et facteurs de l'émergence, comparaisons internationales*, 2017, Éditions L'Harmattan-Paris et La Croisée des Chemins-Casablanca.

– *La Nouvelle économie mondiale, comparaisons internationales,* 2018, Éditions L'Harmattan-Paris et La

Croisée des Chemins-Casablanca (Avec Xavier Richet et Philippe Clerc).

- *L'intelligence économique en Afrique, Expériences nationales et partenariats africains,* 2019, Publications de l'Université Ouverte de Dakhla, Éditions L'Harmattan-Paris (version française).
- *L'intelligence économique en Afrique, Expériences nationales et partenariats africains,* 2020, Publications de l'Université Ouverte de Dakhla, Éditions L'Harmattan-Paris (version anglaise).
- *Prospective et dynamiques des territoires en Afrique,* 2020, Publications de l'Université Ouverte de Dakhla, Éditions L'Harmattan-Paris.
- *Repenser l'Afrique au XXIe siècle,* 2022, Éditions Al Markaz Attakafi Lil Kitab, Casablanca-Maroc et Beyrouth, Liban.
- *Marocains et Portugais, Regards croisés,* 2022, Éditions L'Harmattan, Collection « les Afriques de demain », Paris (Édition française).
- *L'Afrique de l'innovation, politiques nationales et partenariats panafricains,* 2023, Éditions L'Harmattan, Collection « Les Afriques de demain », Paris.

TABLE DES MATIÈRES

Structures éditoriales du groupe L'Harmattan

L'Harmattan Italie
Via degli Artisti, 15
10124 Torino
harmattan.italia@gmail.com

L'Harmattan Hongrie
Kossuth l. u. 14-16.
1053 Budapest
harmattan@harmattan.hu

L'Harmattan Sénégal
10 VDN en face Mermoz
BP 45034 Dakar-Fann
senharmattan@gmail.com

L'Harmattan Cameroun
TSINGA/FECAFOOT
BP 11486 Yaoundé
inkoukam@gmail.com

L'Harmattan Burkina Faso
Achille Somé – tengnule@hotmail.fr

L'Harmattan Guinée
Almamya, rue KA 028 OKB Agency
BP 3470 Conakry
harmattanguinee@yahoo.fr

L'Harmattan RDC
185, avenue Nyangwe
Commune de Lingwala – Kinshasa
matangilamusadila@yahoo.fr

L'Harmattan Congo
219, avenue Nelson Mandela
BP 2874 Brazzaville
harmattan.congo@yahoo.fr

L'Harmattan Mali
ACI 2000 - Immeuble Mgr Jean Marie Cisse
Bureau 10
BP 145 Bamako-Mali
mali@harmattan.fr

L'Harmattan Togo
Djidjole – Lomé
Maison Amela
face EPP BATOME
ddamela@aol.com

L'Harmattan Côte d'Ivoire
Résidence Karl – Cité des Arts
Abidjan-Cocody
03 BP 1588 Abidjan
espace_harmattan.ci@hotmail.fr

Nos librairies en France

Librairie internationale
16, rue des Écoles
75005 Paris
librairie.internationale@harmattan.fr
01 40 46 79 11
www.librairieharmattan.com

Librairie des savoirs
21, rue des Écoles
75005 Paris
librairie.sh@harmattan.fr
01 46 34 13 71
www.librairieharmattansh.com

Librairie Le Lucernaire
53, rue Notre-Dame-des-Champs
75006 Paris
librairie@lucernaire.fr
01 42 22 67 13

www.ingramcontent.com/pod-product-compliance
Lightning Source LLC
LaVergne TN
LVHW021213061026
849535LV00008B/2718
* 9 7 8 2 3 3 6 4 2 5 6 3 4 *